晚清和民国时期
赴欧美的汉语教师

◎ 杨金成 著

商务印书馆国际有限公司

图书在版编目（CIP）数据

晚清和民国时期赴欧美的汉语教师 / 杨金成著 . —
北京：商务印书馆国际有限公司，2022.1
ISBN 978-7-5176-0879-0

Ⅰ. ①晚… Ⅱ. ①杨… Ⅲ. ①汉语—对外汉语教学—
史料—近代 Ⅳ. ① H195

中国版本图书馆 CIP 数据核字（2021）第 271224 号

WANQING HE MINGUO SHIQI FU OUMEI DE HANYU JIAOSHI
晚清和民国时期赴欧美的汉语教师

著　　者　杨金成
出版发行　商务印书馆国际有限公司
地　　址　北京市朝阳区吉庆里 14 号楼
　　　　　佳汇国际中心 A 座 12 层
邮　　编　100020
电　　话　010-65592876（编校部）
　　　　　010-65598498（市场营销部）
网　　址　www.cpi1993.com
印　　刷　三河市紫恒印装有限公司
开　　本　710mm × 1000mm　1/16
字　　数　185 千字
印　　张　14.5
版　　次　2022 年 1 月第 1 版第 1 次印刷
书　　号　ISBN 978-7-5176-0879-0
定　　价　35.00 元

目 录

绪　论

我国教授外国人学习汉语的历史已有一千多年，但对国际汉语教学史的研究却是近几十年的事。20 世纪 80 年代开始，随着对外汉语教学学科的正式确立，相关的研究也随之增加，或者说是兴起。在这些研究中，作为学科史的国际汉语教学史的研究相对薄弱。为此，学界张西平、鲁健骥、施光亨、李宇明等诸位先生强烈呼吁加强这一领域的研究，并身体力行积极开展或积极推动相关研究。① 在相对薄弱的国际汉语教学史的研究中，对于国际汉语教师的研究就更加薄弱，特别是对赴国外教授汉语的教师的研究就更加匮乏。张西平主编的《汉语作为第二语言教学史研究》中，只收录了三篇关于国外中国人汉语教师的文章。这三篇

① 鲁健骥《谈对外汉语教学历史的研究——对外汉语教学学科建设的一个重要课题》，《语言文字应用》1998 年第 4 期，第 30—35 页；施光亨《历史上的汉语教学：向着第二语言教学走出的第一步》，《海外华文教育》2004 年第 4 期，第 1—9 页；张西平《世界汉语教育史的研究对象与研究方法》，《世界汉语教学》2008 年第 1 期，第 122—132 页；李宇明《重视汉语国际传播的历史研究》，《云南师范大学学报（对外汉语教学与研究版）》2007 年第 5 期，第 1—2 页。

是崔颂人 1994 年发表在《世界汉语教学》第 3 期上的《美国汉语教学的先驱——戈鲲化》，刘小湘 1992 年发表在《世界汉语教学》第 3 期上的《我国对外汉语的珍贵遗产——试论老舍在伦敦期间的对外汉语教学》，赵金铭 2002 年发表在《世界汉语教学》第 3 期的《魏建功先生在朝鲜教汉语和在台湾推广国语的贡献》。

教育者（教师）、受教育者（学生）、教育媒介（在传统意义上是教材）是教学的三个重要要素，其中，教育者至关重要。我们现在常说的制约汉语国际教育发展的教师、教材、教学法“三教”问题，其关键也是教师。也就是说，在汉语国际教育发展的历史上，教师起着重要作用，应该成为研究的重要对象。教师包括外国人汉语教师和中国人汉语教师。中国人汉语教师又包括在国内教授外国人汉语的教师和在国外教授当地人汉语的教师。在国外的中国人汉语教师，如果再细分的话，则包括以教授汉语为目的出国的汉语教师和长期居住国外或已加入外国国籍的华裔汉语教师。本研究所关注的主要是以教授汉语为目的而出国的中国人汉语教师，或者说出国的时候虽不以教授汉语为目的，但在国外主要从事汉语教学之后回国的人，我们统称为“出国汉语教师”。

一、研究目的

习近平总书记在致中国社会科学院中国历史研究院成立的贺

信中指出："历史是一面镜子，鉴古知今，学史明智。重视历史、研究历史、借鉴历史是中华民族5000多年文明史的一个优良传统。当代中国是历史中国的延续和发展。新时代坚持和发展中国特色社会主义，更加需要系统研究中国历史和文化，更加需要深刻把握人类发展历史规律，在对历史的深入思考中汲取智慧、走向未来。"习近平总书记的这一重要论述为我们研究出国汉语教师历史这一专题指明了方向，提供了根本遵循。针对当前出国汉语教师所面临的问题，我们可从历史的研究、思考中汲取智慧，进而加以解决。

一是从历史中学习借鉴出国汉语教师的素质要求。一名出国汉语教师到底需要什么样的素质，这既是一个历史命题，也是一个当代命题。只有对这一命题做出明确的解答才能选拔出好的出国汉语教师，才能有效地培训培养出国汉语教师。我们可以从历史中寻找答案。法国历史学家费弗尔认为历史是人类的需要："这是一种每个人类群体在其演进时都认识到的需要：人们从'过去'的行为、事件、趋势中寻找着或赋予着价值，这些行为、事件、趋势预示着现实，使人理解现实并帮助人们生活在现实之中。"① 历史上的出国汉语教师虽然是"过去式"，但我们仍可在其中寻找到当今的价值，帮助我们理解并解决现实中的问题。我们在研究中，关注的是诸如哈佛大学为什么聘请戈鲲化，

---

① 姚蒙《法国当代史学主流的内涵与变迁（代序）》，见〔法〕雅克·勒戈夫，皮埃尔·诺拉主编，郝名玮译《史学研究的新问题新方法新对象——法国新史学发展趋势》，北京：社会科学文献出版社，1988年，第15页。

相关人员为什么推荐戈鲲化，戈鲲化在哈佛大学任教成功的因素是什么，等等。虽然我们的研究涉及当时的历史背景、汉语教学的发展等，但并不是重点。我们主要关注的是出国汉语教师这个个体，进而从个体研究中找到解决当今问题的答案。

二是丰富汉语国际教育学科的内涵。一个学科的确立包括理论和历史两个基本方面。理论揭示其特定的研究对象、理论构架和学术范畴；历史则说明学科的形成与发展，从历史形态上对学科的理论体系给予确证。[①] 鲁健骥先生认为："有史有论，是一个学科存在的必不可少的条件。"[②] 自1978年3月北京地区语言科学规划座谈会首次提出"要把对外国人的汉语教学作为一门专门的学科来研究"以来，学界一直为汉语国际教育的学科化努力。[③] 业界对学科的定位、性质也一直存在争论。[④] 现"汉语国际教育"已列入本科专业目录，"汉语国际教育专业硕士"也已设立十余年。关于汉语国际教育的理论研究虽取得一定成绩，但汉语国际教育的学科体系的构建仍任重道远。其中，作为学科体系重要组

① 张西平《西方人早期汉语学习史的研究初探——兼论对外汉语教学史的研究》，《国外汉语教学动态》2003年第4期，第5页。

② 鲁健骥《对外汉语教学学科建设的一个重要课题——谈对外汉语教学历史的研究》，《语言文字应用》1998年第4期，第30页。

③ 关于汉语国际教育学科化的努力可参见程裕祯主编《新中国对外汉语教学发展史》，北京：北京语言大学出版社，2005年；李泉《中国对外汉语教学七十年》，《语言战略研究》2019年第4期，第51—61页。

④ 可参见李泉《有关语言教育研究的几个问题——兼谈对外汉语教学的学科地位》，见刘珣，张旺熹，施家炜主编《对外汉语教学论文选评（上）第二集（1991—2004）》，北京：北京语言大学出版社，2008年，第89—99页。

成部分的学科发展史的研究亟待加强，学科发展史中关于出国汉语教师历史的研究更为薄弱，本研究也许能为此尽微薄之力。

二、研究对象

关于西方人早期汉语学习史的研究对象，张西平先生认为包括三个方面：一是西方汉学史，这是因为早期的西方汉语学习史是在早期西方汉学框架中发生的；二是汉语教学史，早期西方的汉语教学基本上是由西方汉学家和中国文人承担的；三是汉语学习研究史。[①] 本研究的对象是晚清和民国时期赴欧美国家的汉语教师，属于张西平先生所说的汉语教学史中的一部分。如前所述，本研究的对象限于以教授汉语为目的而出国的中国人汉语教师，如戈鲲化、商衍鎏等；或者说出国的时候虽不以教授汉语为目的，但在国外主要从事汉语教学之后回国的中国人，如曹靖华等。那些在国外留学之后长期在国外从事汉语教学的中国学者不在本研究之列。除这两类人之外，本研究还选择了留德学人的汉语教师群体、哈佛大学美国陆军特训班汉语项目的助教，以及以出国留学为目的，毕业后留校从事汉语教学的天主教徒郭栋臣和王佐才。之所以选择他们，是因为他们的经历或许能够对当今的国际汉语教学带来某些反思。比如，如何解决目前所面临的出国

① 张西平《西方人早期汉语学习史的研究初探——兼论对外汉语教学史的研究》，《国外汉语教学动态》2003 年第 4 期，第 7 页。

教师数量不足的问题——是否可以从历史上相关案例中获得启示，发挥当地中国留学生的作用，聘请部分合适者作为汉语教师呢？是否也可以对汉语教师的本土化带来某些启发呢？

本研究把赴欧美汉语教师个案研究限定于晚清和民国时期，主要是考虑到欧美汉语教学发展的历史过程。关于汉语作为第二语言教学的历史分期，目前尚未有一个统一的界定。张西平将西方人学习汉语史分为西方近代汉语学习史、现代以来西方人汉语学习史、当代西方人汉语学习史三个时期。西方近代汉语学习史的时间段包括明、清两个朝代，现代以来西方人汉语学习史为民国时期，当代西方人汉语学习史则为 1949 年新中国成立之后。他把西方近代汉语学习史也称为西方人早期汉语学习史，并且将“早期”具体界定为自明代中叶葡萄牙人进入南中国海地域，即以 1511 年葡萄牙人攻占满剌加为起点，到 1910 年晚清末年。[①] 鲁健骥建议参考中国文学史的分类方法，模糊处理“古代”的概念，把清朝之前的时期称作“中国对外汉语教学史”，民国以来的称为“中国现代对外汉语教学史”。[②] 施光亨则把面向世界的汉语教学分为明末之前和明末之后两个时期。明末之前，汉语学习者以亚洲学生为主；明末之后（具体说是明万历［1573—1620］以后），西方传教士、外交官、商人成为汉语学习最活跃

① 张西平《西方人早期汉语学习史的研究初探——兼论对外汉语教学史的研究》，《国外汉语教学动态》2003 年第 4 期，第 5 页。

② 鲁健骥《对外汉语教学史研究中值得关注的几个问题》，《海外华文教育》2014 年第 2 期，第 136 页。

的群体。我们所研究的案例都发生在晚清和民国时期，不能完全对应以上学者的分期，故就按照案例发生的年代直接照写下来，这样，读者也能直观感知。

汉语学习和汉语教学是两个不同的概念。欧美人汉语学习的历史都早于其汉语教学的历史。这里所说的教学是在学校内的教学，本书所研究的赴欧美汉语教学的中国教师的教学界定在大学之内。欧洲人学习汉语的历史与传教士进入我国是相连的。从13世纪起，天主教的方济各会、多明我会和奥斯定会来到中国拓展教务，有一些个别、零星的学习中国语言文字的行为，但在当时没有产生持久的影响。[①]16世纪初欧洲海上强国开辟了通往亚洲的航路。由于航路的开通，传教士、商人等便陆续来到中国，也有了欧洲人学习汉语的需要。1513年葡萄牙船队首次登陆澳门。葡萄牙人1553年在澳门正式定居。意大利人耶稣会士罗明坚和利玛窦先后于1579年、1582年来到澳门，开始学习汉语。1583年9月两人获批到广东肇庆定居。[②]意大利入华传教士罗明坚和利玛窦成为明末最早的学习汉语的欧洲人。[③]西班牙多明我会士高母羡（Juan Cobo，1546？—1592）1588年至1592年在菲律宾马尼拉华人社区任职期间，向当地的福建人学习闽南方言和汉

① 董海樱《16世纪至19世纪初西人汉语研究》，北京：商务印书馆，2011年，第31页。

② 同上，第26页。

③ 张西平《西方人早期汉语学习史调查》，《传教士汉学研究》，郑州：大象出版社，2005年，第203页。

字。经过 4 年的学习，高母羡掌握了汉语，用汉语著述、翻译中文书籍。西班牙耶稣会士齐瑞诺（Petrus Chirino，1557—1635）1590 年去到马尼拉学习汉语，编写过一部《汉语西班牙语词典》。[①] 之后，传教士在相当长的时期内成为欧洲学习汉语的主力。为帮助传教士学习汉语，耶稣会于 1594 年在澳门成立了圣保禄学院（Colégio de S. Paulo），马礼逊 1818 年在马六甲创办了英华书院（Ying Wa College）。但这些均不是在欧洲本土的学校，另外这些学校也不是欧洲体制内的学校，故不在我们的研究之内。

西方的汉语教学是与西方汉学的发展紧密联系在一起的。西方汉学分为“游记汉学时期”“传教士汉学时期”和“专业汉学时期”。1814 年 12 月 11 日法国法兰西学院开设汉学讲座，进入“专业汉学”与“传教士汉语”并存的时代。汉语成为法兰西学院的正式课程。[②] 这意味着汉语教学正式进入欧洲的大学教学体系。

美国人最初的汉语学习。1784 年 8 月 30 日，美国商船“中国女皇号”（Empress of China）到达广州黄埔港（在今黄埔古村），开启了中美直接交往的历史。最初学习汉语的美国人是亨德（William C. Hunter）。1824 年，亨德被美国公司（Thomas A.

---

① 董海樱《16 世纪至 19 世纪初西人汉语研究》，北京：商务印书馆，2011 年，第 57—58 页。

② 张西平《西方人早期汉语学习史的研究初探——兼论对外汉语教学史的研究》，《国外汉语教学动态》2003 年第 4 期，第 6 页。

Smith and Sons Co.）派到中国学习汉语，以便为该公司广州办事处服务。亨德于 1825 年 2 月 11 日抵达广州，因找不到合适的汉语教师，便转往新加坡，之后再转往马六甲的英华书院学习汉语，直到 1826 年底。①

关于美国汉语的发展历史，最早在大学开设中文课程的是耶鲁大学。1877 年耶鲁大学开设中国语文讲座，聘请卫三畏（Samuel Wells Williams，1812—1884）为讲座教授，这是美国历史上第一次聘任中国语言文学教授，也是美国汉语教学的开端。之后，标志性的事件有：1879 年哈佛大学聘请中国安徽人戈鲲化（1838—1882）正式开设汉语课程；1896 年，加州大学伯克利分校聘请英国人傅兰雅（John Fryer，1839—1928）担任东方语言文学讲座教授，开设了汉语课程；1901 年哥伦比亚大学设立丁龙讲座，聘任的首任教授是德国人夏德（Fridrich Hirth）。之后，夏威夷大学、芝加哥大学等也陆续开设了汉语课程。哈佛大学自 20 世纪 20 年代由赵元任、梅光迪重新恢复了汉语教学。1920 年夏威夷大学的汉语课程由中国学者王天模创设。②1941 年太平洋战争的爆发带来汉语学习需求的增加，特别是军队需要大量懂汉语的人，为此，美国军方在哈佛大学、芝加哥大学、加州大学、哥伦比亚大学等高校设立了汉语培训班，以期在短时期内培养出

① 顾钧《美国人最初的汉语学习》，《美国汉学纵横谈》，上海：华东师范大学出版社，2016 年，第 33 页。

② 吴原元《试析 1949 年前美国高校的中国知识教育》，《江西师范大学学报（哲学社会科学版）》2008 年第 4 期，第 100 页。

战争所需要的人才。以赵元任为代表的一批学者创立了符合军队需要的汉语教学模式，该教学模式影响很大，至今仍被许多美国学校所沿用。

三、研究方法

张西平先生认为对外汉语教学史的研究方法有三[①]：一是历史学研究方法。历史是一切学科史的基础，我们应该从中西文化交流史和世界近代史的角度来审视西方人的汉语学习与汉语研究，应从中国史和世界史的比较中掌握西方人学习汉语的原因和背景。二是宗教学的研究方法。明清时期的对外汉语教学史、西方人早期的汉语学习史同中国基督教史紧密相连，必须从宗教学的研究方法入手，了解西人学习汉语的基本特点及西人学习汉语的原因。三是比较文化和比较语言学的方法。该方法主要运用于西方汉语教学史和汉语研究史的研究。

本研究采用历史学研究方法。传统的历史研究都是基于史料的实证研究，这种实证研究的主要特点是：历史研究是史学家客观反映历史的过程，是通过史料来向世人说话的过程。实证研究所依靠的材料包括各种官方文献、档案、传记等。虽然以史料为基础的实证研究的客观性受到质疑，但史料是史学的基础，没有

① 张西平《西方人早期汉语学习史的研究初探——兼论对外汉语教学史的研究》，《国外汉语教学动态》2003 年第 4 期，第 8—9 页。

史料，便没有史学。不论持何种史学理念，历史研究必须要有扎实的史料基础，必须要深入细致地解读和利用史料。[①] 所以，本研究采用的是传统的历史研究办法，也就是以史料为基础的实证研究方法。

本研究尽可能广泛地收集、整理相关的史料。所收集、依据的主要材料有自传、年谱、口述史、档案、信函、回忆、日记等。这些材料都是现已发表的中文资料。还有许多资料需待挖掘，特别是这些前辈任教的国家有关机构、学校留存的一些档案资料和当地历史上一些有关的新闻报道等等。本研究所依据的史料肯定是局限的，难免有这样那样的不足，甚至是问题，需要我们持续深入研究。

① 余新忠《新文化史视野下的史料探论》,《历史研究》2014 年第 6 期，第 53 页。

第一章

赴欧美汉语教师历史概述

历史是人创造的，国际汉语教学的历史无疑也是人创造的，这些人便是那些从事国际汉语教学的教师们，包括中国人和外国人。然而，在历史的长河中，这些人常常被忘记或不被提起，特别是那些在国外从事过汉语教学工作的中国人。即使在国际汉语教学历史研究中，也很少涉及汉语教师这一历史的主角。进入 21 世纪的今天，在国内外学习汉语热潮持续升温的今天，在每年都有近万名中国人走向世界各地教授汉语的今天，我们不应忘记那些历史上在国外传授中国语言文化的先辈们，或者说我们应该记起他们，应该去追寻那些逝去的历史，不仅仅是为了怀念，更多的是要从中总结出对于当下有借鉴的经验，以启迪未来。

一、记起，时代之呼唤

公元前 7 世纪古希腊女诗人萨福有两句残诗：“我想将来总

有一天，会有人记起我们。”我想，现在应该是记起那些早期天涯海角传播中国语言文化先辈们的时候了！是的，是应该记起他们了！

记起他们是时代的呼唤。人们研究历史或阅读历史往往关注的是那些宏大的历史事件或朝代史、国家史，关注的是那些关于政治、经济、社会发展的历史，关注的是那些著名的历史人物，而忽视对那些“小人物”的关注与研究。实际上，在世界历史发展的进程中，没有绝对的“大人物”与“小人物”之分，无论是“大人物”还是“小人物”，都发挥着自己独特的作用。作为历史长河中的一分子的出国汉语教师，过去很少受到关注。在中国人走向世界的研究中，在中国文化国际传播的研究中，也很少提到出国汉语教师的贡献。

历史车轮滚滚向前，时代潮流浩浩荡荡。现在的中国已不是清朝和民国时期的中国。中华民族迎来了从站起来、富起来到强起来的伟大飞跃，中国特色社会主义进入新时代。中国发展理念、发展道路、发展模式的影响力、吸引力显著增强，国家经济实力、科技实力、国防实力、国际影响力显著提升，中国正在走进世界的中央。汉语在世界上的地位，也远远高于清朝和民国时期。汉语的价值大大提高，“学好中国话，朋友遍天下”已成为越来越多外国人的共识。

当然，世界也不是过去的世界。世界多极化、经济全球化、社会信息化、文化多样化深入发展，世界各国人民的命运紧紧相连，构建人类命运共同体已成为时代潮流，迫切需要各国人民团结合作、同舟共济应对各种挑战，迫切需要各国人民的相互理解。因此，语言相通便成为重要的渠道，相互学习对方的语言也日显重要。汉语作为世界上使用人口最多的重要语言，在相互理解方面所发挥的作用不言而喻，学习汉语则理所当然地成为一种时尚。

纵观当今世界各国的汉语教学，汉语已不是汉学家的汉语，也不是学者的汉语，而是众多普通民众的汉语。他们学习汉语的目的已不仅仅是为了今后要开展所谓的“汉学研究”，而更多的是出于对中国文化的向往，出于汉语所能给他们带来的利益。站在国际汉语教学历史发展的潮头，我们可以说，汉语已从所谓的“专业汉语”发展为“大众汉语”。“大众汉语”体现在汉语学习者国别分布广、涵盖各年龄段、身份众多、学习目的各异等方面，这些新的特点，对于国际汉语教师都提出了新要求，也对汉语教师的供给方——作为汉语母语国的中国提出了新的要求。

为满足世界各国学习汉语的需求，中国每年都派出成千上万的汉语教师、志愿者到世界各国教授汉语。赴外汉语教师、志愿者已成为中国与世界各国文化交流的重要力量，为促进世界各国与中国的友谊和相互理解做出了重要贡献。当我们面对各国招募赴外汉语教师的需求的时候，当我们培训那些即将奔赴世界各国教授汉语的教师的时候，当我们看到各位汉语教师在世界各地辛勤耕耘的时候，我们自然而然地就会想起那些历史上赴外教授汉语的先辈们。

二、记起，并不容易

由于历史的原因，中国周边国家学习汉语的历史可以追溯到很久之前，中国人赴周边国家教授汉语的历史也可以追溯到很久之前，如据日本史书《古事记》记载：西晋武帝年间（284），王仁东渡日本去教皇太子汉语，带去《论语》十卷、《千字文》一卷。[①] 中国人到周边国家教汉语，不仅历史悠久，而且数量也比较大。鲁健骥先生的韩国研究生有关韩国汉语教学历史的论文中列举的有名有姓的在朝鲜教汉语的中国教师就有 70 多位。鲁健骥先生从日本汉语教学史的专家六角恒广教授的《中国语教育史研究》《日本中国语教学书志》两本著作中，找出了日本近现代汉语教学中的中国教师（含教科书的编者）也有 70 多位。[②]

中国人到欧美西方国家去教汉语始于何时尚无准确的考证。张西平等人 2003 年编写出版的《西方人早期汉语学习史调查（上）》中提到 1800 年之前赴欧洲教汉语的中国教师有五位，分别是沈福宗、黄嘉略、高类思、杨德望、周戈。[③] 沈福宗（1657—1692），顺治十四年（1657）生于江苏省江宁府（今江

① 施光亨《历史上的汉语教学：向着第二语言教学走出的第一步》，《海外华文教育》2004 年第 4 期，第 2 页。

② 鲁健骥《对外汉语教学史研究中值得关注的几个问题》，《海外华文教育》2014 年第 2 期，第 138 页。

③ 张西平，李真，王艳，陈怡，等《西方人早期汉语学习史调查（上）》，北京：中国大百科全书出版社，2003 年，第 110—121 页。

苏南京），没有参加科举考试，后与在江南传教的比利时耶稣会士柏应理（Philippe Couplet，1623—1693）相识，并随其学习拉丁文。沈福宗随柏应理等人于1681年12月5日自澳门出发，1682年在葡萄牙靠岸。其后，沈福宗在里斯本初修院学习神学，后访问过法国、英国等欧洲六国，受到罗马教皇、法国国王、英国国王的接见。1692年（康熙三十一年），沈福宗乘荷兰商船回国，途中在沿大西洋南下至非洲西海岸时，突然染病，9月2日至非洲东南莫桑比克附近时不幸逝世，享年三十六岁。沈福宗在欧洲十年间，积极宣传中国文化，开展中西文化交流活动。其中，与教授汉语有关的经历是，1685年他出访英国时结识了东方学家托马斯·海德（Thomas Hyde，1636—1703）。海德专攻阿拉伯文和希伯来文，获博士学位，1665—1701年任牛津大学阿拉伯语教授（1691）及希伯来文教授（1697）。海德对中国非常感兴趣，但不懂汉语。海德认识沈福宗后，讨论了中国历史、哲学和语言等问题，还拜沈福宗为师学习汉语。①一般来说，人们都认为沈福宗是最早到欧洲留学的中国人之一，可能是因为沈福宗有一段教授海德汉语的经历，张西平等人才把其列为1800年之前在欧洲的汉语教师吧。即使如此，这也只是其十年欧洲经历中很短的一段经历。

黄嘉略，与沈福宗类似，也是由传教士带到欧洲去的，从而与汉语教学产生了交集。黄嘉略1679年（康熙十八年）11月15

① 潘吉星《沈福宗在17世纪欧洲的学术活动》，《北京教育学院学报（自然科学版）》2007年第3期，第4—5页。

日生于福建兴化（今福建莆田），7 岁被法国传教士李斐理（P. L. Blanc）认为义子，跟随其奔走于浙江和福建等地。10 岁时又跟随法国传教士梁弘仁（Artus de Lionne，1655—1713）传教。1702 年 2 月 17 日，黄嘉略跟随梁弘仁从厦门出发赴欧洲，当年 10 月 31 日抵达巴黎。① 在巴黎停留一个月后便去了罗马，1706 年回到巴黎。从此，黄嘉略一直住在巴黎直至去世。在巴黎期间，他与一名法国女子结婚，并育有一女。1716 年 10 月 13 日，黄嘉略在巴黎病逝，享年三十六岁。黄嘉略一生做了许多开创性的工作，他是用法文编写汉语语法的第一人，是用法文编纂汉语字典的第一人，是将中国小说翻译成法文的第一人，是将中国诗歌和音乐介绍给法国的第一人。② 那是什么时候，黄嘉略从事过汉语教学呢？大体上在 1711 年至 1716 年间，黄嘉略与弗雷莱、傅尔蒙合作编写了《汉语语法》《汉语字典》。这两个法国人主要是在语法理论知识等方面指导黄嘉略。他们本来都不懂汉语，但在与黄嘉略的合作过程中学习了汉语知识，后成为法国早期著名的汉学家。许明龙在《黄嘉略与早期法国汉学》中指出：

> 弗雷莱说他结识黄嘉略后，发现黄嘉略几乎没有任何语法概念，于是一边向他学习汉语知识，一边向他灌输语法知识。③

---

① 许明龙《黄嘉略与早期法国汉学》，北京：中华书局，2004 年，第 20—21 页。

② 同上，前言。

③ 同上，第 91 页。

在同一书中，许明龙还指出：

> 傅尔蒙既然要帮助黄嘉略编写汉语语法和汉语字典，必定要从学习汉语开始，而当时唯一能够教他汉语的人就是黄嘉略。①

以上都是从一般逻辑关系上推断黄嘉略教过二人汉语或者教过汉语知识，因而黄嘉略也被戴上了“汉语教师”的帽子。

高类思、杨德望是乾隆十六年（1751）由传教士卜纳爵（Ignatius Barborier）带到法国的。他们在法国耶稣会学校学习过，在法国科学院接受过物理、化学等课程的培训。他们在法国没有当过汉语教师，而是充当了中国文化的介绍者，教的不是语言文字，而是中国的国情、经济、科学、工艺等，在一定意义上充当了汉语教师的作用。② 但只是“充当”而已，并不是真正的汉语教师。

至于周戈，严格意义上讲也不是一位汉语教师。关于周戈的材料不多，我们可从阎国栋的《第一位在俄国教授满汉语的中国人》③ 中得知，1738 年俄国外交委员会在致东正教事务总局的信函中说，外交委员会有一位皈依东正教的名叫费多尔·周

---

① 许明龙《黄嘉略与早期法国汉学》，北京：中华书局，2004 年，第 111 页。

② 张西平，李真，王艳，陈怡，等《西方人早期汉语学习史调查（上）》，北京：中国大百科全书出版社，2003 年，第 113—114 页。

③ 阎国栋《第一位在俄国教授满汉语的中国人》，见《中华读书报》2001 年 4 月 4 日第 21 版。

戈的外国人，通满语。外交委员会建议选两个人跟周戈学习满语。1739 年 7 月 19 日，周戈的汉满语学校开学，两个学生，在学习满语的同时，还学习汉语。汉满语学校 1740 年底结业。两名学生于 1743 年随东正教第三届驻北京传教士团到北京学习。1751 年 3 月 9 日，周戈在俄国去世。从这些材料，我们可以得知周戈主要是一个满语教师，只是兼教了一些汉语，可勉强称其为汉语教师。

有学者将清道光年间赴美国的林鍼视为教授汉语的教师。如杨国桢在《我国早期的一篇美国游历记——谈林鍼的〈西海纪游草〉》开篇写道："福建人林鍼于清道光年间赴美教习中文和游历，在道光二十九年（1849）四月写成《西海纪游草》一书。"在同一文中还写道，"林鍼是应聘到美国教习中文的。他对自己这方面的经历很少提及，但在《西海纪游草》里用很大的篇幅介绍美国的教育，特别是科学技术，并说自己在这方面有所钻研。"这些都明明白白地将林鍼的身份定为赴美国任教的汉语教师。那么，林鍼为何许人也？真的是赴美的汉语教师吗？林鍼，字景周，号留轩，福建闽县（今福建福州）人，随父辈迁居厦门。林鍼因懂英文，故在厦门的洋商处获得"通事"之职。钦命镇闽将军兼管闽海关印务的英桂在为《西海纪游草》作序中称："留轩素习番语，能译文，尤不失其诚信，是以为各国推重，即奉委通商事务。"[①] 道光二十七年（1847）二月，林

① 林鍼《西海纪游草》，见钟叔河《走向世界丛书》第 1 辑第 1 卷，长沙：岳麓书社，1985 年，第 29 页。

鏚自厦门出发赴美，道光二十九年二月返抵厦门，实际在美国时间约一年半。林鍼因何去美国？其表兄周见三在《西海纪游草》跋中说是“受外国花旗聘，舌耕海外”。据此，有人认为林鍼是受花旗银行所邀，到美国教汉语去了。这主要是对“舌耕”的理解的问题了。也有人认为，林鍼是受邀到美国当翻译去了。如，陈巧玲在《翻译实践与观念变迁——中国近代口译员林鍼及其〈西海纪游草〉研究》一文中认为，林鍼是近代旅美进行商贸口译的第一人。是不是第一人需进一步考证，文章所引用的黎难秋《中国口译史》的评价——林鍼是“有文字可考的我国早期受聘国外的一位商贸口译人员”倒是更为客观。那林鍼赴美到底是去教授中文，还是去承担口译工作呢？林鍼在《西海纪游草》中没有给出明确答案。那么，从《西海纪游草》有关的“序”“跋”中我们能不能看出一些端倪呢？上文中我们提到钦命镇闽将军兼管闽海关印务的英桂在序中称林鍼素习番语，能译文，奉委通商事务。此外，周立瀛在序中也说道：“林君能谙外国语言，素习通商事务。”① 周揆源在序中道：“询及素习番语译文，为各国所推重，奉委经历通商事务。”② 由此看来，林鍼在厦门的工作是翻译，而且是商务方面的翻译，那么去美国从事翻译的可能性是很大的。黎难秋在《中国口译史》中推测林鍼在美国从事翻译（又多为口译）工作为主，兼理商贸事

① 林鍼《西海纪游草》，见钟叔河《走向世界丛书》第 1 辑第 1 卷，长沙：岳麓书社，1985 年，第 30 页。

② 同上，第 31 页。

务。[①]那么，林鍼是一位到美国教授中文的教师之说恐怕不能成立。

即使以上所列之人有的确实在国外从事过汉语教学工作，那也不是在学校内的汉语教学，与我们现在所要研究的在欧美从事汉语教学的中国人的概念还是有区别的。

那么，本研究中所选择的戈鲲化（1879年赴美国哈佛大学），潘飞声、桂林（1887年赴德国柏林大学东方语言学院），老舍（1924年赴英国伦敦大学东方学院），曹靖华（1928年赴苏联列宁格勒大学，即今圣彼得堡大学），是不是中国最早赴这些国家的大学教授汉语的人呢？在没有掌握全部史料的情况下，是不可能下定论的，只能说有可能。

周振鹤先生曾说道：在晚清中西文化交流的研究中，论述西人来华经历的比较多，而对中国去国外的人物研究少。在历史上留下踪迹的，基本上都是有游记留世的。周振鹤先生认为，在19世纪，由于西方汉学的兴起，不少机构都需要中文教会，应当有一定数量的中国人去国外任教，只是文献所限，使我们知之很少。[②]鲁健骥先生认为应加强历史上在国外从事对外汉语教学的教师教学活动的研究，包括那些从事过对外汉语教学的文化名人的研究。除老舍在伦敦的汉语教学有学者进行过较为详细的研究外，对类似于曹靖华苏联圣彼得堡大学的汉语教学、季羡林德国

---

① 黎难秋《中国口译史》，青岛：青岛出版社，2002年，第144页。

② 周振鹤《晚清去德国的中文教师》，《知者不言》，北京：生活·读书·新知三联书店，2008年，第22页。

哥廷根大学的汉语教学等，则是“只知其人，不知其事”[①]。实际上，对于很多人，我们是既不知其人，也不知其事，需要我们进一步挖掘和研究。

三、记起，历史与现实交汇

正如我们在绪论中所说的，中国人赴欧美教授汉语与欧美汉语教学的历史进程紧密相关，而欧美汉语教学的历史又和欧美与中国的关系紧密相关。1949 年中华人民共和国成立后，采取了“一边倒”的外交政策。1952 年，根据中国与保加利亚文化交流协议，北京大学朱德熙被派往索菲亚大学教授汉语，这是新中国向欧美国家派出的第一位汉语教师，也是向世界派出的第一位汉语教师，拉开新中国向世界派遣汉语教师的序幕。1953 年首次向苏联、德意志民主共和国派遣汉语教师，1954 年首次向蒙古人民共和国、捷克斯洛伐克派遣汉语教师，1955 年首次向匈牙利、埃及、越南派遣汉语教师，1956 年首次向罗马尼亚派遣汉语教师，1959 年首次向伊拉克派遣汉语教师，1962 年首次向尼泊尔派遣汉语教师，1963 年首次向柬埔寨派遣汉语教师，1964 年首次向古巴、法国派遣汉语教师，1965 年首次向印度尼西亚派遣汉语教师，1967 年首次向老挝、阿尔巴尼亚、巴基斯坦派遣汉语教

① 鲁健骥《对外汉语教学史研究中值得关注的几个问题》，《海外华文教育》2014 年第 2 期，第 138 页。

师，1969 年首次向马里、刚果派遣汉语教师，1970 年首次向阿拉伯也门共和国派遣汉语教师，1972 年首次向意大利、斯里兰卡派遣汉语教师,1973 年首次向芬兰、阿尔及利亚派遣汉语教师。1952 年至 1965 年，向 15 个国家派遣汉语教师 120 名；1966 年至 1979 年，向 37 个国家派出汉语教师 187 名。[①] 以上首次派出汉语教师的国家中，欧洲的居多，包括保加利亚、苏联、德意志民主共和国、捷克斯洛伐克、匈牙利、罗马尼亚、法国、阿尔巴尼亚、意大利、芬兰。

1978 年 12 月党的十一届三中全会的召开开启了中国改革开放的新时期。随着中国的改革开放，世界各国与中国的经贸往来等各种交流随之增加，对懂汉语的人才的需求随之增加，对中国汉语教师的需求也随之增加，推动了汉语教学的发展。根据各国的需要，我国向越来越多的国家派出汉语教师：1978 年首次向毛里求斯，1979 年向加拿大、比利时，1980 年向联邦德国、日本，1983 年向厄瓜多尔，1984 年向萨摩亚，1985 年向瑞典、印度，1986 年向斐济，1987 年向美国、挪威、毛里塔尼亚。1980 年重新向民主德国，1984 年重新向波兰，1985 年重新向苏联，1987 年重新向蒙古人民共和国、捷克斯洛伐克派出汉语教师。[②] 这个阶段，我国派出汉语教师的国家增加了加拿大、比利时、联邦德国、瑞典、挪威、美国 6 个国家。随着中国改革开放进程的推

① 程裕祯《新中国对外汉语教学发展史》，北京：北京大学出版社，2005 年，第 37 页。

② 同上，第 93 页。

进，各高校同外国的交流合作日益增多，这一阶段应该还有校际交流渠道赴外教授汉语的教师。所以，上述提到的是国家公派教师，所说的“首次”赴某某国家，也仅限于国家层面的派出。

进入 21 世纪，国家层面派出汉语教师的数量急剧增加。21 世纪初每年派出的汉语教师不足百人，现在每年派出的教师、志愿者近万人，分布在世界各地的一百多个国家。除此之外，还有大量的校际交流派出的汉语教师。之所以有如此多的汉语教师出国任教，是因为随着中国在国际上政治、经济、文化地位的提高，学习汉语的人急剧增加，而外国本土又没有那么多教师教授汉语，中国教师走向国外教授汉语既是满足国外汉语学习者的需要，也是作为汉语母语国一分子的使命担当。

历史与现实交汇在欧美汉语教学课堂里，交汇于辛勤工作在课堂上的中国汉语教师、志愿者的身上，交汇在一张张学习汉语学生的脸上。这种历史与现实的交汇将会持续下去！

第二章

最早赴美大学教授汉语的中国人：戈鲲化

1879 年赴美国哈佛大学任教的戈鲲化被认为是最早赴美国大学教授汉语的中国人。[①] 戈鲲化作为赴美汉语教师的先驱，正在受到学者们的关注。有学者比较早地介绍了戈鲲化赴美国哈佛大学任教的情况[②]；另有学者从跨文化传播、交流的角度进行了

① 张宏生在《戈鲲化集》前言中写道，戈鲲化可能是中国第一位向西方世界的大学派出的教师，去教授中国文化。（张宏生《戈鲲化集》，南京：江苏古籍出版社，2000 年，前言第 1 页。）周振鹤对此持有异议，认为没有依据，甚至与张宏生所编《戈鲲化集》附录的有关内容相矛盾。（周振鹤《戈鲲化的生年月日及其他》，《知者不言》，北京：生活·读书·新知三联书店，2008 年，第 8 页。）崔颂人称戈鲲化为第一位受聘于美国高校的中国教师。（崔颂人《美国汉语教学的先驱——戈鲲化》，《世界汉语教学》1994 年第 3 期，第 78 页。）本文采用了戈鲲化为中国最早赴美任教的汉语教师的说法。

② 参见崔颂人《美国汉语教学的先驱——戈鲲化》，《世界汉语教学》1994 年第 3 期，第 77—80 页；张宏生《戈鲲化：传薪西洋第一人》，《传统文化与现代化》1998 年第 6 期，第 56—64 页。

研究。[1]其中张宏生教授的《戈鲲化集》最为全面、详细地介绍了戈鲲化赴美任教的情况，特别是书中有关戈鲲化赴美任教的书信、当地报纸的报道，为我们研究戈鲲化提供了丰富的资料。让我们从这些资料当中，唤醒一百四十多年前的历史记忆，探寻作为最早到美国大学教授汉语中国人——戈鲲化的哈佛之行、汉语教师之行，追寻历史，启迪当下。

一、哈佛大学中文讲座的设立与实施

哈佛大学设立中文讲席是与当时大的历史背景相关的。自19世纪中叶美国的商业资本开始向中国扩张，美国传教士在中国的传教活动也日趋活跃，因此，美国需要更多的懂汉语、了解中国文化的人从事商业和传教活动。在这种形势下，美国的汉语教育呼之欲出。1876年耶鲁大学创立了美国第一个中文讲座。[2]1877年2月22日，曾任美国驻中国营口领事的波士顿商人鼐德（Francis P. Knight）致信哈佛大学校长查尔斯·W·埃

---

① 参见夏红卫《文化交流逆差下的跨文化传播典范——中国执教美国第一人戈鲲化的传播学解读》，《北京大学学报（哲学社会科学版）》2004年第1期，第113—119页；郭天祥《戈鲲化与中美跨文化交流》，《安徽史学》2007年第4期，第39—44页。

② 吴原元《中美建交前美国汉语教育史述略》，《华文教学与研究》2010年第4期，第12页。

利奥特（Charles William Eliot），建议哈佛大学开设中文讲习，从中国聘请教师赴哈佛大学教授中文。他从以下几个方面阐述了其必要性：1. 美国在华利益的增长，需要懂汉语的人才。他谈道，以他在华15年的经历，认识到外国人来中国前若没有掌握中文，仅仅依靠所谓的"洋泾浜英语"与这个伟大帝国的臣民交往，是犯了大错。同时他认为，美国在中国的商业和外交利益日益增长，并且相信将会继续增长，直到变得比在东方其他国家的同类利益更为重要。美国在华利益的增长，使得这一错误更加突出，令人痛心。2. 学习汉语的学生就业前景好。他认为，对于为在国外谋求职位的年轻人，中国是可以获得成功和荣誉最合适的地方。他列举了美国驻北京公使馆将提供的两个永久性工作岗位，并相信今后领事的职位均将由学过当地语言的人担任。同时，也列举了中国海关为学习汉语的外国人提供的若干工作机会。3. 商贸的需要。他认为，中国为在华经商的外国人、银行家提供了若干机会，指出，中国的矿藏资源与美国一样丰富。中国将聘请外国工程师，促使这些人为发家致富而学习汉语。通商口岸的律师在工作中也需要汉语。4. 中西之间交流的需要。他认为除经济角度外，通过学习中文，将扩大西方世界与中国的交流。对科学家、旅行家等人来说，中国是一个几乎未开拓的领域，具有强大吸引力。5. 中华文明的吸引力。他认为，对西方人而言，中国是一个未曾被涉足的国家，有未曾涉足的文学，内涵颇为丰富。据此，他建议请一两位中国人教授汉语，辅之优秀教材，采用北京外国人学汉语的方法，任何有决心的人都可以掌握中文。①

可以说，鼐德在信中充分论证了哈佛大学设立中文教席、开设汉语课程的必要性和可行性。1877 年 3 月，哈佛大学校长埃利奥特回信，认为鼐德提出的筹集资金在数年内聘请一位土生土长的中国老师到哈佛担任中文讲座教授的计划非常有价值，表示将对鼐德所做出的努力给予热烈的支持。②

基于学校的态度，鼐德开始了哈佛大学中文讲座教席的资金筹备和寻找合适教师的工作。然而，这一计划的实施并不顺利，主要表现在人们对邀请中国人去哈佛教授汉语的计划认识不一，筹集资金难，寻找合适的人选更是难上加难。

一是对是否在哈佛大学设立中文教席、开设汉语课程难以达成共识。虽然鼐德积极倡议在哈佛设立中文教席、开设中文课程，并得到了哈佛大学的肯定，但也遭到了不少人的反对。赞成的和反对的人主要围绕着“到底是在中国学习汉语好，还是在美国学习汉语好”这一问题展开了争论。担任中国海关总税务司的赫德（Robert Hart）认为，哈佛的学生有很多课程要学，每周只有 3 ～ 4 个小时学习中文，中文班的学生不可能取得很大的进步。他主张，打算来中国任职的人“到达中国之前不应浪费任何时间、金钱或精力去学中文，在美国他们还有一些更为重要的事情要做，而中文，他们在中

①《鼐德致查尔斯·W·埃利奥特》，见张宏生《戈鲲化集》，南京：江苏古籍出版社，2000 年，第 272—274 页。

②《查尔斯·W·埃利奥特致鼐德》，同上，第 275 页。

国会学得更好”[①]。虽然杜德维（Edward Bangs Drew）推荐了戈鲲化，但他对在哈佛大学设立中文讲席持不同意见，认为，“那些希望在中国有所作为的人，最好是到中国来学中文”[②]，“由于是为了在中国生活的实际需要而学，学习地点应该选择在北京”，“美国人在北京学习中文比在剑桥更有利，哈佛大学的本科生学习中文会耗掉太多时间，使其精疲力竭，难以应付大三或大四的其他课程”。尽管“对这个计划并不热心”，他依然表示“会尽全力提供帮助，使这个实验圆满成功”，如提供“在戈鲲化先生指导下在哈佛开设中文班的备忘录”[③]。

二是难以筹措到足够的经费。鼐德在提请哈佛设立中文课程时提出要筹集一笔基金，认为在以后三年内筹集到 1 万美元是不难的。计划的 1 万美元中，8000 美元用于支付教师三年的工资，2000 美元用于旅费。但在戈鲲化启程赴美的前一天，鼐德收到哈佛的电报，告：“筹款失败，取消合同。”这令鼐德十分不快，1879 年 7 月 1 日连发两封电报给哈佛大学校长埃利奥特，表示：必须将戈鲲化及其家人送往美国。一是鼐德已代表哈佛与戈鲲化签订了合同，必须遵守。二是戈鲲化已出租了在中国的房子，为在美国旅居三年做好了准备。三是戈鲲化的家人和行李已经上船，财产已保险，路费已交付。四是哈佛大学开设中文课程的计

①《赫德致鼐德》，见张宏生《戈鲲化集》，南京：江苏古籍出版社，2000 年，第 297—299 页。

②《杜德维致埃利奥特》，同上，第 276—277 页。

③《杜德维致查尔斯·W·埃利奥特》，同上，第 287—292 页。

划已引起欧洲各国的关注，中国媒体和在华的外国媒体给予了很高评价，不宜停止。他本人将提供几千美元的资助，对筹集1万美元充满信心。

三是难以寻找到赴美任教的合适人选。鼐德在1879年5月4日给埃利奥特校长的信中说："要找一位合适且又愿意离开中国的人实在太难了。"[①] 那什么样的人是合适的任教人选呢？时任中国海关总税务司的赫德，于1879年8月4日致鼐德的信中对教师人选的要求提出了自己的见解：

> 在我鲁莽地建议任何人参加这个中文班之前，对双方都还有几个问题需要明确。首先，这位中国人说的是何种方言，他对于向外国人教授自己的语言有何想法，他将使用何种教材。可能这个中国人的发音很差，他对于向外国人传授中文的认识可能是不恰当的，他的教学方法可能没有新意。假设他完全是我们希望的那种人——了解外国人想学些什么，具有耐心，而且有一套方法，那么下一个问题就是，他能教授的方言是否正是各个学生希望学习的？抱着前往中国担任官职想法的人肯定想学官话。此人是北京人吗？希望经商和从事其他职业生活的人会希望学习他们选定的中国某个地区的方言，可能是广东话、汕头话、福建话、宁波话、上海话

① 《杜德维致埃利奥特》，见张宏生《戈鲲化集》，南京：江苏古籍出版社，2000年，第278页。

或其他某一方言。如果此人是北京人，假设所有学生是为去中国担任官职做准备而希望学习官话，我们期待的结果或许是他们正确地开始工作，或者是他们各自从老师那里受到严格训练，这种训练是在华外国人为能听懂或模仿中文发音所必需的。中国文人不会从事比向外国人教授中文更枯燥乏味的工作，这是一种在几年里每日几小时为教授每个学生而重复进行的最寂寞、最单调的工作！①

从赫德的信中我们可以得知，他所希望的赴哈佛大学汉语教师的条件应该为：1. 汉语发音要标准。虽然他提出了各种地方方言的假设，但最终还是假定学员是为今后到中国担任官职的，要求教师会说官话，且发音标准。2. 对教授外国人汉语有正确的认识。3. 会选用合适的教材。4. 有创新的教学方法。

鼐德为了寻找合适的人选，给李鸿章写信，请其推荐。李鸿章 1878 年（光绪四年）7 月 11 日收到鼐德的书信，8 月 1 日复信鼐德。内容如下：

哈佛书院拟在波士登城延聘华人前往教读，属为选择，并须于西历九月间起程。查中国读书博学之士尚不乏人，大都惮于远涉重洋，而欲兼通西国语言文字，尤

①《赫德致鼐德》，见张宏生《戈鲲化集》，南京：江苏古籍出版社，2000 年，第 297—298 页。

为难得，一时无可推荐。或仍由贵领事自为询访延订，较易合式也。[1]

从信中看出，李鸿章认为难以推荐合适的人选，一是中国的读书博学之士“惮于远涉重洋”，二是“兼通西国语言文字，尤为难得”，所以，请鼐德自行寻找。

鼐德请求时任总税务司的赫德帮助，赫德在1878年上半年把此事委托给哈佛大学校友、宁波税务司杜德维，直到1879年4月杜德维才致信埃利奥特，告其已找到合适的人选——戈鲲化。经沟通协调后，鼐德代表哈佛大学与戈鲲化签订了协议。协议如下[2]：

立合同议据

大美国驻答牛庄领事馆鼐德代哈佛书院山长等与寓居宁波之大清知府衔候选同知戈鲲化议定条款开列于后：

一、哈佛书院山长等言定，延请戈鲲化在书院教习官话三年，为期自一千八百七十九年九月初一日起，至一千八百八十二年八月三十一日止，每月束修洋钱二百元正。

---

① 李鸿章《复牛庄美国领事鼐德》，见顾廷龙，戴逸主编《李鸿章全集32：信函四》，合肥：安徽教育出版社，2008年，第357页。

② 张宏生《戈鲲化集》，南京：江苏古籍出版社，2000年，第326—327页。

二、哈佛书院山长言定戈鲲化携带一妻二子住上等舱位，载至干姆白理喘城。又带一仆住于下等舱。路间除沽酒之外，所有一切船钱、房钱、车钱及应用行李等费，均有书院给拨。俟三年满后，仍照此式送回上海。

三、戈鲲化如三年之内病故，应将其妻子、仆人全数送回上海。一切盘川，戈姓不需花费。

四、山长言定画押之时，先支一月束修二百元，以此合同作为收钱之据。一到干姆白理喘，再支束修二百元。自开馆日起，至一年后即一千八百八十年九月初一日，按每月扣除一百元，接连四个月除清。

五、戈鲲化言定，哈佛书院课程、学生多寡、教法、章程均候山长主裁。

六、每月束修二百元作戈鲲化一切花费，此外各项杂用，概不得向山长另支。

七、合同内如英汉文义字句有意见不符处，言定以英文为主。

今将合同缮就，英汉文合璧，一式三纸，在大美国驻沪总领事衙门当堂画押盖印，各执一纸存照。

一千八百七十九年五月二十六日

鼐德（签名）

戈鲲化（签名）

兹再议定：又加三女，住上等舱位；又加一仆妇，住下等舱。其章程与第二款同，惟三年后，仍照现在所搭捷径之船，送回上海。又照。

一千八百七十九年六月二十六日

鼐德（签名）

戈鲲化（签名）

从合同可以看出，哈佛大学聘请戈鲲化来校教授中文，为期3年，任期为1879年9月1日至1882年8月31日，校方负担戈鲲化及随行家属的往返旅费，每月支付薪金200美元。这在当时应该是较高的待遇。①

1879年7月2日，戈鲲化携带家人乘“格伦菲纳斯”号前往纽约，开始了他的中国语言文化传播之旅。关于戈鲲化的行程，鼐德1879年7月1日由上号发给埃利奥特校长的电报中说道：“‘格伦菲纳斯号’明晚启程，将在厦门和另一个地方做暂短停靠。60天后，即大约9月1日，该船将抵达纽约。”②由此可知，戈鲲化是1879年7月2日由上海出发的，预计9月

① 19世纪中期美国人年收入约为一千多美元，二百美元的月薪，约相当于当时一般美国人收入的一倍。见李扬帆《另一种孤独的先行者：戈鲲化在哈佛》，《晚清三十人》，北京：世界知识出版社，2008年，第156页。

②《鼐德致查尔斯·W·埃利奥特》，见张宏生《戈鲲化集》，南京：江苏古籍出版社，2000年，第281页。

1日抵达纽约。张宏生在《戈鲲化集》前言中写道：“1879年7月2日，戈鲲化搭乘‘格伦菲纳斯’（Glenfinlas）号轮船，从上海启程，大约经过50天的航行，抵达美国纽约。”①《波士顿图书通讯》（*The Boston Book Bulletin*）在一篇《哈佛大学中文教授戈鲲化及其家人》中说：“戈先生于1879年8月底到达剑桥。”②张凤在《中国赴美教学第一人——哈佛1879年首聘中文教师戈鲲化》一文中称：“7月15日由上海起程，8月8日抵达哈佛大学，比预期早了点儿。”③李扬帆在《另一种孤独的先行者：戈鲲化在哈佛》一文中所记录的戈鲲化的行程与张凤所言相同。李扬帆所依据的是现藏于哈佛燕京图书馆中的戈鲲化抵达哈佛后写给杜德维的信函之内容。戈鲲化给杜德维的信内容如下④：

> 杜大人阁下：敬启者，五月十三日奉布一函，谅邀青睐。十四日起行，至七月十二日安抵美境，馆舍亦甚宽洁。此时书院正当停暑，尚须两个礼拜开馆。诸承推荐，泐函申谢，以慰锦念。还希箴言时锡，籍度金针。

① 张宏生《戈鲲化集》，南京：江苏古籍出版社，2000年，前言。

②《哈佛大学中文教授戈鲲化及其家人》，见张宏生《戈鲲化集》，南京：江苏古籍出版社，2000年，第329页。

③〔美〕张凤《中国赴美教学第一人——哈佛1879年首聘中文教师戈鲲化》，《哈佛问学录》，重庆：重庆出版集团重庆出版社，2015年，第258页。

④ 李扬帆《另一种孤独的先行者：戈鲲化在哈佛》，《晚清三十人》，北京：世界知识出版社，2008年，第160页。

即请升安，不一。

戈鲲化顿首，七月二十一日。

（信中所写时间为阴历）

鉴于李扬帆有当年戈鲲化的信函为证，张凤又曾任职哈佛燕京图书馆编目组二十五年，相对也熟知戈鲲化档案的内容，戈鲲化应该是 1879 年 7 月 15 日由上海启程，8 月 8 日抵达哈佛。

二、为什么选择了戈鲲化

杜德维推荐戈鲲化作为哈佛大学中文讲座教授人选，并且“毫不怀疑戈先生担任教师的资格”[①]，应该说是因为戈鲲化基本上符合了赫德提出的关于教师人选的要求，具备了一位优秀教师的良好素质。

（一）发音标准

戈鲲化北京官话较好是美国人选择他赴美任教的重要原因之一。因为“如果哈佛大学的学生打算到中国谋取官职，中国官话就是他们必须学习的语言”，“会说官话的官员具备了与当

①《杜德维致查尔斯 · W · 埃利奥特》，见张宏生《戈鲲化集》，南京：江苏古籍出版社，2000 年，第 288 页。

地官员做生意的语言能力，不管他居住在哪个港口，也不管当地通用的是哪种方言”。作为推荐者，杜德维认为：“戈先生平时讲的是南京普通话，这与北京官话差别不是很大。北京官话虽然流行，但南京普通话使用得更普遍。”“戈先生教授北京官话基本不会出错。”①英国领事馆（1879年署理上海领事）达文波（Arthur Davenport）说：“戈先生说的有时被误称为北京普通话或宫廷官话的语言，是中国普遍使用的、与各地方言（土话）不同的语言，即真正的官话，它使人能与中国各地的文人交谈。”②

（二）具有扎实的汉语言知识

关于戈鲲化的学识，我们只能从当时的一些材料中获悉。鼐德1879年5月4日致哈佛大学校长埃利奥特的信中，称戈鲲化是“一位有官衔、在学术上很有造诣的中国绅士”③。1882年2月15日《波士顿周日晨报》发布戈鲲化逝世消息时谈道，戈鲲化“早年即显示出学术潜质，以对官话和古典文学的造诣而名重一时，其语言能力受到皇帝器重，得以进身为官”，同时提到戈鲲化曾出版过2本诗集。④《波士顿每日广告报》1882年

①《在戈鲲化指导下在哈佛大学学习中文口语备忘录》，见张宏生《戈鲲化集》，南京：江苏古籍出版社，2000年，第292—293页。

②《达文波致鼐德》，同上，第308页。

③《鼐德致查尔斯·W·埃利奥特》，同上，第277—278页。

④《戈鲲化教授逝世》，《波士顿周日晨报》，1882年2月15日，同上，第332页。

2月22日在纪念戈鲲化的文章中写道，戈鲲化“是一位职业学者，一生都在执着追求学术”，曾成功地通过两次考试，“第一次考试获得硕士学位，第二次考试成了政府官员”[①]。对此，张宏生教授认为报道中的“硕士”（Master of Arts）“似乎相当于举人”[②]。但据张宏生教授查阅有关资料，未发现戈鲲化中举的记录。虽然戈鲲化是否中过举人现无法查证，但存在哈佛大学燕京图书馆戈鲲化的《人寿堂诗钞》和《人寿集》足以说明戈鲲化是一个诗人。作为一个诗人，戈鲲化是具备扎实的中国语言功底的。

（三）具有良好的汉语教学能力

戈鲲化具有教授外国人汉语的经验，曾教过英国人和法国人汉语，推荐人杜德维曾跟戈鲲化学习过一段时间的中文。[③]在宁波时，戈鲲化曾教过在华的英国和法国学生。[④]在当时的中国，具有这一经历的人是很少的。1879年11月，署理英国上海领事的达文波在致鼐德的信中谈道：您派往美国的那位先生通过亲身经历，应该已经学会如何将自己的语言传授

---

①《戈鲲化——致〈波士顿每日广告报〉读者》，《波士顿每日广告报》，1882年2月22日，见张宏生《戈鲲化集》，南京：江苏古籍出版社，2000年，第342页。

② 张宏生《戈鲲化集》，南京：江苏古籍出版社，2000年，第4页。

③《杜德维致查尔斯·W·埃利奥特》，见张宏生《戈鲲化集》，南京：江苏古籍出版社，2000年，第288页。

④《戈鲲化教授逝世》，《波士顿周日晨报》，1882年2月15日，见张宏生《戈鲲化集》，南京：江苏古籍出版社，2000年，第333页。

给外国人，这一点绝对是有益处的。曾为戈鲲化上司三年的英国领事固威林称戈鲲化“是中国罕见的那种优秀教师之一，能不厌其烦地纠正学生的错误”，相信戈鲲化的教学会为他自己带来声誉。①

（四）具有跨文化交际能力

戈鲲化较长时间在外国驻华领事馆工作，了解外国人的思想和风俗。杜德维在推荐戈鲲化为赴哈佛大学担任汉语教师时说：戈先生没有学位（指非科举出身），但是在中国，没有学位的优秀学者与拥有学位的人一样多。作为一名老师，此人非常理想，而且他如此长时间接触外国人及其思想和风俗，使他比其他学识渊博的中国本土学者更有资格担任目前的职位。②宁波在康熙年间是中国四个对外通商港口城市之一，1844年开埠以来，对外商贸频繁，人们思想较为开放。③这种社会环境对戈鲲化也产生了一定的影响。正像杜德维所言：戈先生思想活跃，思维敏捷，口才出众，身体健康，待人随和。④

①《固威林致鼐德》，见张宏生《戈鲲化集》，南京：江苏古籍出版社，2000年，第310页。

②《杜德维致查尔斯·W·埃利奥特》，见张宏生《戈鲲化集》，南京：江苏古籍出版社，2000年，第288页。

③ 张宏生《戈鲲化集》，南京：江苏古籍出版社，2000年，第15页。

④《杜德维致查尔斯·W·埃利奥特》，见张宏生《戈鲲化集》，南京：江苏古籍出版社，2000年，第289页。

三、戈鲲化赴美的原因

李鸿章说过，中国读书博学之士，大都惮于远涉重洋。鼐德在 1879 年 5 月 4 日给埃利奥特校长的信中也说过：“要找一位合适且又愿意离开中国的人实在太难了。”那戈鲲化为什么要去呢？按杜德维给埃利奥特校长的信中所言：戈先生本人说是因为官府要惩办他，因怀疑他是上海一家出版社发表的批评官员行为的某些不友好言论的作者①。

其次，除上述原因外，戈鲲化具有迎接挑战的精神也应该是其做出决定的重要原因之一。当时中国的知识分子不愿远离祖国赴美国教书，这是因为一是人们对美国不了解，对到一个陌生的国家的大学教授汉语心存顾虑；二是当时作为一个知识分子，大部分人都有了一个相对安逸的生活，不愿意离开故土重新开始一个新的人生。戈鲲化当时年龄已过 40 岁，况且又带着妻子和 5 个孩子，远渡重洋，所面对的“事业几乎是前所未有的”，但戈鲲化对“即将见到的美国人非常有信心”②。由此可见，戈鲲化具有迎接挑战的精神。

再者，戈鲲化长期与西方人接触，了解西方文化和风土人情，在心理上不惧怕西方人，可比较自如地与西方人交往，这应

①《杜德维致查尔斯·W·埃利奥特》，见张宏生《戈鲲化集》，南京：江苏古籍出版社，2000 年，第 288—289 页。

②《鼐德致查尔斯·W·埃利奥特》，同上，第 283 页。

该也是其做出决定的原因吧。

优厚的待遇大概也是重要原因，从鼐德的“我不得不允以优厚的条件”[①]，可知当时给出的月薪200美元应该说是较高的待遇。按照当时美国人的收入水平，200美元的月薪也是很高的，更不用说与当时的在美华工扣除路费后每月7～16美元的薪水相比了。[②]另外，哈佛还承担戈鲲化及家属、用人的往返旅费，也算是一个很好的待遇了。

四、戈鲲化在哈佛的工作

作为哈佛大学聘请的汉语教师，戈鲲化的首要工作是教汉语。其汉语教学从1879年10月22日开始，面向的对象是：1. 希望熟悉中国文学、历史和政治的学生；2. 希望今后到中国任职的人，包括到驻华领事馆、中国海关等机构任职；3. 希望到中国经商的商人；4. 传教士。[③]根据《1880—1881学年度哈佛大学中文课程表》，该学年每天都有中国官话课程，学生在该学年里

①《鼐德致查尔斯·W·埃利奥特》，见张宏生《戈鲲化集》，南京：江苏古籍出版社，2000年，第278页。

② 李扬帆《另一种孤独的先行者：戈鲲化在哈佛》，《晚清三十人》，北京：世界知识出版社，2008年，第156页。

③《戈鲲化与哈佛的中文讲座》，美国《每日图画报》（*The Daily Graphic*），1879年11月23日，见张宏生《戈鲲化集》，南京：江苏古籍出版社，2000年，第331页。

任何时候都可以学习中文，每天跟老师学习 1 小时，自学 2 ～ 3 小时。对大学各系学生免费，欲选修中文的本科生需得到学校的批准；对校外人士开放，学费每学年 150 美元。① 根据资料记载，戈鲲化教授的学生并不多，只有四五名。② 在相当长的时间里，只有一位哈佛大学的拉丁语教授 George Martin Lane 跟着戈鲲化学习汉语。戈鲲化给他起的中文名字叫刘恩。刘恩生于 1823 年，1846 年哈佛大学毕业，1851 年获得德国哥廷根大学博士学位。刘恩在哈佛大学任拉丁文教授 43 年，被誉为"美国最伟大的拉丁语学家"③。

在戈鲲化的学生中，还有一位中国人，这人便是 1873 年第三批赴美幼童中的丁崇吉。1873 年，13 岁的丁崇吉作为留美幼童赴美学习，他中学毕业后进入哈佛大学学习。其间，为了提高汉语水平，他选修了戈鲲化的中文课。④

在谈到戈鲲化在哈佛大学期间的工作时，大多都会讲到戈鲲化所编写的《华质英文》。在哈佛大学时，戈鲲化将自己之前写的一些诗词和到美国后写的一些诗词用英文编写成《华质英文》。人们现在都把《华质英文》作为戈鲲化在教学中使用的教材，并认为"这可能是有史以来中国人用英文写的介绍中国文化，尤其

---

①《1880—1881 学年度哈佛大学中文课程表（摘自〈1880—1881 学年度哈佛大学课程表〉）》，见张宏生《戈鲲化集》，南京：江苏古籍出版社，2000 年，第 345 页。

②《戈鲲化教授逝世》，《波士顿周日晨报》，1882 年 2 月 15 日，见张宏生《戈鲲化集》，南京：江苏古籍出版社，2000 年，第 332—333 页。

③ 张宏生《戈鲲化集》，南京：江苏古籍出版社，2000 年，第 17 页。

④ 丁志华《先父丁崇吉是"留美幼童"》，《世纪》2008 年第 4 期，第 51 页。

是中国诗词的教材”①。我们可以从戈鲲化在其写的《华质英文》序言中得知其编写该教材的目的。他在序言中写道：“前年余膺哈佛特书院之聘，航海而西，以华文掌教之余，学英语，学英文。娵隅右梵，庶几似之。继与诸博雅讨论有韵之文，彼亦慕中国藻词之妙。只因书不同文，方心圆智，未能遽凿破混沌。屡索余诗，爰取《人寿堂》旧作四首，又至美后所作十一首译示之，并附诗余、尺牍各一。译竣，墨诸版，用副诸博雅殷殷切问之意云尔。”②这本教材的中英文都是手抄，可能印制了若干份。现该教材存于哈佛大学图书馆，是杜德维 1917 年 2 月赠送给哈佛大学的。③

戈鲲化在哈佛期间所做的第三件事是传播中华文化。戈鲲化作为一名知识分子，具有较为厚实的中华文化知识。戈鲲化虽然是一位汉语教师，但“他的文化自豪感决定他更想做一个文化传播者”。④在哈佛两年多时间的所言所行充分证明了他是一位成功的中华文化传播者。他选择了诗歌作为传播中华文化的载体。美国人称他是“一位精通中国文学、熟悉中国社会、代表中国近代思想的饱学之士，一位会继续献身中国诗歌的人”⑤。有学者将戈鲲化的中华文化传播概括为：以诗为中心的言语传播和辐射生

① 张宏生《戈鲲化集》，南京：江苏古籍出版社，2000 年，第 20 页。

② 同上。

③ 同上，第 33 页。

④ 同上，第 19 页。

⑤《中国诗人》，见张宏生《戈鲲化集》，南京：江苏古籍出版社，2000 年，第 338 页。

活细节的非言语传播。[1] 在言语传播上，戈鲲化选择了中国诗歌。一是他编写了一本以中国诗歌为题材的教材《华质英文》，二是在聚会、演讲会等场合上吟诗、讲解诗。戈鲲化曾赋诗一首，作为结婚礼物送给新娘；也曾在元旦，赠诗给一位美国女士，并翻译成英文。[2]

在辐射生活细节的非言语传播方面，则表现在服饰上的“中式服装”和“打扮”，以及交往上的“中国礼仪相待”。他坚持穿官服、戴官帽上课，以此来表示中国的师道尊严。戈鲲化还将中国风格、古老典雅、充满中华翰墨书画气息的梅花笺用于与美国友人书信来往，以此传播中华文化。[3] 戈鲲化曾将在扇面上书写一首诗的扇子送给一位美国女士，他用英文写下了诗的题目，意为“掬起一捧水，明月在手中”[4]。《波士顿每日广告报》1882 年 2 月 22 日刊文称：“作为东方教育培育出的典型代表，他把如此古老、宁静、优秀的文明带到了我们这个国家，因而他也因自身的美德受到敬重。他将一个古老民族的沉静文学传授给一个当代得到迅猛发展的民族，教给我们许多东西，同时也从我们这里学到许多。”“他在我们中间非常成功地为他自己的民族留下了一

① 夏红卫《文化交流逆差下的跨文化传播典范》，《北京大学学报（哲学社会科学版）》2004 年第 1 期，第 116—117 页。

② 徐国琦著，尤卫群译《中国人与美国人：一部共有的历史》，成都：四川人民出版社，2019 年，第 134—135 页。

③ 郭天祥《戈鲲化与中美跨文化交流》，《安徽史学》2007 年第 4 期，第 42 页。

④ 徐国琦著，尤卫群译《中国人与美国人：一部共有的历史》，成都：四川人民出版社，2019 年，第 135 页。

个美好印象。”①

另外，戈鲲化还选取中国古典小说作为教材，以此来介绍中华文化。② 张凤在《中国赴美教学第一人——哈佛 1879 年首聘中文教师戈鲲化》一文中也谈道：戈鲲化在 1879 年 10 月 22 日正式开课，教材是篇小说。③ 为了使学生加强中文记忆力，戈鲲化让学生背诵中国文学经典作品。④

到达美国后，戈鲲化勤奋学习英语，为跨文化交流打下了语言基础。在戈鲲化去世后，《波士顿每日广告报》写道：“他来这里不到 3 年，刚开始，对我们的语言一窍不通，但他不怕困难，勤奋学习，不久便能熟练地与所有人交谈，充满信心地应对各种事物。”⑤

五、对戈鲲化的评价

1882 年 2 月 14 日，戈鲲化因患肺炎不治去世。戈鲲化去世

① 张宏生《戈鲲化集》，南京：江苏古籍出版社，2000 年，第 339—342 页。

② 李扬帆《另一种孤独的先行者：戈鲲化在哈佛》，《晚清三十人》，北京：世界知识出版社，2008 年，第 161 页。

③〔美〕张凤《中国赴美教学第一人——哈佛 1879 年首聘中文教师戈鲲化》，《哈佛问学录》，重庆：重庆出版集团重庆出版社，2015 年，第 259 页。

④《中国诗人》，见张宏生《戈鲲化集》，南京：江苏古籍出版社，2000 年，第 338 页。

⑤ 张宏生《戈鲲化集》，南京：江苏古籍出版社，2000 年，第 340 页。

后，他的学生、哈佛大学教授刘恩致信卫三畏，向其报告了戈鲲化逝世的消息。刘恩的信如下①：

刘恩致卫三畏

1882年2月14日，发自剑桥

亲爱的先生：

我们的朋友戈鲲化在患肺炎10天以后，已于今天下午4点逝世。得知这一消息，您一定会感到悲痛。

患病期间，他曾得到瓦曼医生的精心治疗，还有3位医学院的学生也参加了治疗工作。我看到，为了戈鲲化早日恢复，瓦曼医生已尽了最大努力。

戈先生在朋友中口碑很好。我从未见过这样和蔼可亲的人，我把他视为最亲民的朋友之一，并为这样的朋友过世而深深悲哀。

我曾写信告诉他您出车祸的消息。我收到他最后一封信，就是对我那封信的回复。我真诚地希望您能尽快恢复。

您永远最忠诚的

约翰·刘恩

卫三畏1812年出生，20多岁来到中国传教，并曾任美国

① 张宏生《戈鲲化集》，南京：江苏古籍出版社，2000年，第311—312页。

驻华参赞。卫三畏在中国传教、从事外交工作 43 年后，于 1876 年 10 月 25 日起程返回美国。在中国期间，曾出版《中国总论》和《汉英韵府》等多部汉学著作，是当时美国最著名的汉学家。1877 年 6 月 30 日，耶鲁大学决定设立中国语言文学教授席位，校务委员会一致推荐卫三畏出任首任教授。由于资金的问题，一年之后，卫三畏才真正到任。耶鲁仓促宣布设立中文教席，据说是出于与老对手哈佛竞争的考虑。[①] 在筹备哈佛大学中文讲座教席时，鼐德、杜德维都希望卫三畏为戈鲲化提供帮助。戈鲲化到达哈佛后，与卫三畏应该是有交往的。戈鲲化旅美所撰诗文中，有赠卫三畏的诗，也有写给卫三畏的信。[②] 顾钧曾在耶鲁大学所藏卫三畏档案中找到一封戈鲲化给卫三畏的信，内容是答复卫三畏提出的问题“为什么现在政府官员所佩戴的朝珠是固定的 108 颗”[③]。

1882 年 2 月 16 日，哈佛大学为戈鲲化举行了遗体告别仪式。哈佛大学校长埃利奥特和戈鲲化的长子站在灵柩前面。参加告别仪式的有：一名来自哈特福德的中国官员[④]，中国海关税务司杜德维、阿尔伯特 · 鼐德，哈佛大学司库 E. W. 胡珀先生、刘恩教授

---

① 顾钧《绛帐遥相设——卫三畏与戈鲲化的交往》，《美国汉学纵横谈》，上海：华东师范大学出版社，2016 年，第 20 页。

② 张宏生《戈鲲化集》，南京：江苏古籍出版社，2000 年，第 267—271 页。

③ 同注释①，第 22 页。

④ 从 1870 年开始，清政府采纳容闳的建议，选派幼童赴美国留学。选带幼童出洋肄业局设在美国东部康涅狄格州的哈特福德。（〔日〕高田时雄著，孙建军译《清末的英语学：邝其照及其著作》，《国际汉学》第二十六辑，第 220 页。）

以及哈佛大学的教职员工和众多学生。仪式由哈佛神学院院长C. C. 埃里福特牧师主持。埃里福特牧师做了即席演讲。演讲对戈鲲化给予了高度评价。演讲的内容摘录如下[①]：

> 戈对人际关系的认识为我们与他的交往增加了许多魅力。戈对所见所闻总是倍感兴趣，孜孜以学。但他又总能保持自我平衡。他总是忠于自我、忠于他的职责。他与别人交往的一个例子就能清楚地说明这一点。当他拜访别人时，他具有绅士的老练机智，会尊重我们社会的习俗；而他款待客人时，却总是以中国的礼仪相待。他虔诚认真地学习基督教经文，但是他知道如何将其中想要接受的东西译成他自己的哲学和宗教语言。正是他的这些品质使他在一定程度上赢得了许多人的欢迎，所以当他去世时，我们有些人像是哀悼自己失去了一位私人朋友，大家都为他的突然去世感到悲痛。
>
> （他）能吸引人的品质已体现在他的日常生活中。在他镇静威严的外表后面，隐藏着乐观、孩子般的幽默、机智的妙语。他在哈佛大学的工作是诚实认真的。在刚到哈佛的日子里，他积极为自己的工作做准备；当学生来上课时，他的演讲引人入胜。在他去世前不久，

①《戈鲲化的葬礼在哈佛大学阿普尔顿教堂举行》，《波士顿每日广告报》，1882年2月17日，见张宏生《戈鲲化集》，南京：江苏古籍出版社，2000年，第333—337页。

当哈佛大学校长去看望他时，尽管因病而说话艰难，他还是尽力谈自己的工作，解释自己因病错过了多少课时。

从埃里福特牧师演讲的部分内容，我们可以看出：戈鲲化有着较强的人际交往能力，其人际交往充满着魅力。他尊重当地的风俗，而又保持着中国的礼仪；忠于职守，即使在病危的时候，还想着工作。在《波士顿每日广告报》的另一篇关于戈鲲化逝世的其他媒体报道中，也评价“戈教授和蔼可亲，待人热情，对朋友忠诚，是一位高尚可敬的绅士”。“他总是尽力搞好教学，恪尽职守”，“不怕困难”，“充满信心地应付各种事物”①。

六、戈鲲化的后人

1882 年 3 月 15 日，杜德维护送戈鲲化遗眷老小及遗体返回上海归葬。②哈佛大学按照合同，提供了戈鲲化家人返回上海的费用。但戈鲲化留下 6 个孩子，最大的才 14 岁，遗孀没有能力抚养这么多的孩子。哈特福德中国教育使团的邝其

① 张宏生《戈鲲化集》，南京：江苏古籍出版社，2000 年，第 339—340 页。

②〔美〕张凤《中国赴美教学第一人——哈佛 1879 年首聘中文教师戈鲲化》，《哈佛问学录》，重庆：重庆出版集团重庆出版社，2015 年，第 260 页。

照[①]（KwongKi-chiu）、杜德维认为，如每年确保300美元的收入，就可以维持戈鲲化遗孀及孩子们的正常生活。为此，哈佛大学校长埃利奥特、教授刘恩等发起捐款，成立了一个资助戈鲲化一家的基金。戈鲲化遗属到达上海后，杜德维曾多次去看望过他们，并为戈鲲化的长子戈鹏云联系了上海的由教士林乐知监管的中西书院，为其他孩子联系了离上海不远的由美国圣公会创办的圣约翰书院。[②]

戈鲲化的子女中，长子戈鹏云算是学有所成。戈鹏云在中西学院学习刻苦，深得林乐知的喜爱。美国传教士林乐知（Yound John Allen，1836—1907），出生于美国佐治亚州伯克县。1858年大学毕业。1859年12月从纽约出发，1860年6月抵达上海传教。林乐知1881年在上海创办了中西书院，任院监。[③]戈鹏云在中西书院受到了中国传统文化和西方文化的双重教育。后来，戈鹏云

---

① 邝其照，道光十六年（1836）出生于广东省新宁县。1868年编写出版了第一部词典《字典集成》。1874年，邝其照加入第三批幼童赴美留学使团，率领留学生前往美国。使团总部设在哈特福德。1875年，邝其照作为第四批幼童赴美留学生使团的监督赴美国。之后，便留在使团工作，在美生活达7年半。邝其照编写出版了《字典集成》《英语成语词典》《华英字典集成》等多部工具书，对清末英语学界做出了突出贡献。（〔日〕高田时雄著，孙建军译《清末的英语学：邝其照及其著作》，《国际汉学》第二十六辑，第219—231页。）

②《杜德维致E. W. 胡珀》，1882年8月10日，见张宏生《戈鲲化集》，南京：江苏古籍出版社，2000年，第313—315页；《杜德维致E. W. 胡珀》，1882年9月18日，同前，第315—316页。

③ 邹振环《朝鲜开化派活动家尹致昊与上海中西书院》，《韩国研究论丛》2006年第00期，第173—174页。

被林乐知推荐到北京学习。1905 年，戈鹏云创办了中国第一个演讲会——公忠演讲会，在上海积极开展有关活动。1909 年在南京发起成立家庭教育研究会。戈鹏云曾在京师大学堂任教。1911 年辛亥革命后，戈鹏云辞去九江炮台的任职，回到上海，从事社会进步的有关活动。戈鹏云在家庭教育方面有一定的研究，提出了自己的见解。①

戈鲲化赴美任教虽是 140 多年前的事了，但戈鲲化身上所展示的较强的汉语教学能力、中华文化传播能力、跨文化交流能力、勇敢的挑战精神和良好的心态，对我们今天的出国汉语教师工作仍具有重要的意义。

让我们把《波士顿每日广告报》1882 年 2 月的报道中的一句话作为本文的结尾，那就是："一个纯洁、正直的心灵，一副热心肠，还有与人交往时的微笑——哈佛大学中文教授戈鲲化将永远留在我们的记忆中。"②

---

① 张宏生《中国现代家庭教育的滥觞——以戈鹏云为中心》，《徐州师范大学学报（哲学社会科学版）》2005 年第 2 期，第 1—5 页。

② 张宏生《戈鲲化集》，南京：江苏古籍出版社，2000 年，第 341 页。

第三章

学衡派代表人物梅光迪的美国汉语教学

在历史的记忆中，梅光迪给世人最深的烙印恐怕是学衡派的创始人和代表人物。复旦大学段怀清教授曾从三个视角观察分析梅光迪，分别是“现代留学生群体”“胡适的思想言论盟友及对手”“《学衡》派知识分子群体”。[①] 关于梅光迪的众多研究也大都集中在作为现代思想者、学术人物的梅光迪上。然而，我们纵观梅光迪 56 年的人生，1924 年至 1936 年，除 1932 年回国一度出任国立中央大学美术与科学系主任、教授外，其余时间他均在哈佛大学担任汉语教师，超过 10 年，可谓在其人生中占据了很长的时间。因此，作为一个出国汉语教师身份的梅光迪，应该在历史的记忆中有着浓厚的一笔。遗憾的是，这方面的资料不多。段怀清教授曾利用在哈佛大学访学的机会，试图查找更多的梅光

① 段怀清《梅光迪：五四新文学的批评者》，见书同著《君子儒梅光迪》，福州：福建教育出版社，2019 年，第 1 页。

迪在哈佛大学期间的资料，但收获不大。[①]我们只能从现在能收集到的资料中，去寻找梅光迪哈佛大学汉语教学的记忆。

一、梅光迪受聘哈佛大学教授汉语的缘由

我们首先追寻梅光迪赴哈佛大学教授汉语之前的历史。梅光迪，字迪生、觐庄，1890 年生，安徽宣城人。1911 年考取庚子赔款留美资格，同年赴美就读于位于美国中北部的威斯康星大学。1913 年转入芝加哥西北大学。1915 年转往哈佛大学，跟随新人文主义大师欧文·白璧德学习。1919 年 10 月回国。1919 年 11 月至 1920 年 6 月，梅光迪在天津南开大学任英文教师。[②]1920 年至 1924 年，在南京高师英语系、后东南大学西洋文学系执教，任教授、系主任。[③]南京期间，可以说是梅光迪人生中最为重要的阶段。1922 年，梅光迪与吴宓、胡先骕、刘伯明、柳诒徵创办了《学衡》杂志，从而形成了学衡派，展现了梅光迪作为一个思想者的形象，可以说奠定了梅光迪的历史地位。其间，另一个重要的事件是梅光迪与自己的学生李今英恋爱，可以说这是导致梅光迪日后赴哈佛大学任教的一个重要因素。1920 年，南京高

---

① 段怀清《梅光迪：五四新文学的批评者》，见书同著《君子儒梅光迪》，福州：福建教育出版社，2019 年，第 2—3 页。

② 书同《君子儒梅光迪》，福州：福建教育出版社，2019 年，第 56 页。

③ 段怀清《梅光迪年谱简编》，《新文学史料》2007 年第 1 期，第 58 页。

等师范学校开“女禁”，与北京大学一起，首开公立高校招收女生之先河。南京高师首次招收八名女生入学，李今英便是其中之一，所读为英文专业。1923 年春，梅光迪与李今英的恋情在校园引起了纷纷议论，这给梅光迪的工作和生活带来了一定的干扰。

导致梅光迪离开中国赴哈佛任教的另一个事件是东南大学西洋文学系的撤并。1924 年夏，梅光迪任教的西洋文学系被并入英语系。梅光迪等西洋文学系的教师们面临着重新选择，一是留下来在英语系继续任教；二是改选其他高校任教；三是改行从事其他的工作。梅光迪与西洋文学系的同事全部选择离开东南大学，另谋生路去了。其中，梅光迪选择受聘哈佛大学。

梅光迪因何能到哈佛任教？这与正在哈佛大学任哲学和中文讲师的赵元任的推荐有关。当时，清华大学邀请赵元任到学校研究院任教授，同时考虑到家庭的情况，赵元任决定回国。哈佛大学要求赵元任必须找一个哈佛毕业的人代替。赵元任首先想到了陈寅恪，但陈寅恪没有答应。关于这一段历史，赵元任夫人杨步伟在《杂记赵家》一文中写道：

> 元任和主任谈，他必须提议找一个哈佛毕业的人来代替，他认识陈寅恪，元任写信给寅恪，他回信才妙呢，他说对美国一无所恋，只想吃波士顿醉香楼的龙虾，这当然是不要来的开玩笑的说法了。其时胡先骕正在哈佛，对元任说，梅光迪因离婚的缘故，想出来，可否推荐，元任虽知他们是学衡派反对白话的，但元

任为人向不以门户之见来埋没人才的，所以一口答应荐他。[①]

从以上可以看出，梅光迪是胡先骕介绍给赵元任，赵元任推荐给哈佛大学的。胡先骕与梅光迪在南京一起创办了《学衡》杂志，对梅光迪比较熟悉，了解梅光迪包括婚姻在内的情况和当时的处境。胡先骕是著名植物学家，并非国学家，虽没有系统地跟随白璧德学习，但人们还是将其视为白璧德的弟子。他是中国译介白璧德学说的第一人，其发表在《学衡》杂志上的《白璧德中西人文教育说》是白璧德学说的第一篇译文，将“Humanism”译为“人文主义”，已为世人所使用。[②]胡先骕与梅光迪为东南大学同事、《学衡》杂志的创始人以及同为白璧德学说的追随者，两人的关系应该说是非常密切的，胡先骕向赵元任推荐梅光迪便在情理之中了。而赵元任与梅光迪是哈佛同学，对梅光迪也是了解的。

向外国人教授汉语、传播中华文化是梅光迪早年的理想，1911年11月25日，他在给胡适的一封信中写道：

我辈莫大责任在传播祖国学术于海外，能使白人直接读我之书，知我有如此伟大灿烂之学术，其轻我之心

① 杨步伟《杂记赵家》，桂林：广西师范大学出版社，2014年，第41页。

② 李欢《走向白璧德：学衡派之“前史”——以梅光迪、胡先骕为例》，《中国现代文学研究丛刊》2016年第1期，第29—46页。

当一变而为重我之心，而我数千年来之圣哲亦当与彼晳种名人并著于世，祖国之大光荣莫过于是。

迪意欲俟三五年后大学卒业，得有博士、硕士等学位，西学足以取重于彼，又能以西文著书，当要求此邦著名之校添设中文一科，而我辈为其讲师，务使彼人能直接读我之书。此事迪若一出诸口，吾国人又当笑为病狂，可叹！然吾与足下当共勉之以成此志，以为祖国光。（致胡适第四函）

由此说来，梅光迪赴哈佛大学教授汉语既有外部的因素（哈佛大学的需要、赵元任的推荐、本身哈佛大学校友的身份等），又有其自身内在的动力，那就是实现自己早年的理想。

二、梅光迪在哈佛大学的汉语教学

梅光迪到哈佛大学任教的准确日期现无法确定。据吴宓1924年7月4日致白璧德的信所言，梅光迪定于8月22日启程。1924年10月2日，《哈佛校报》（*The Harvard Crimson*）报道哈佛大学唯一的一位中文教员梅光迪，因为受中国国内战事影响，要推迟一个月来校，请有志于研究汉语者等待一个月。由此看来，梅光迪到达哈佛大学的时间最早也得是1924年11月。

对于梅光迪在哈佛的职称有着不同的说法，吴宓在自编年谱里说："1924年，梅君再赴美，任哈佛大学汉文讲师，不久升任副教授。"也有梅光迪任哈佛大学汉文教授的说法。1924年10月2日，《哈佛校报》发表的关于梅光迪即将到哈佛任教的新闻消息中，称梅光迪为"汉文讲师"。1929年5月28日，《哈佛校报》介绍了梅光迪等教师的信息，谈到梅光迪时，称梅光迪自1924年至今为汉文讲师，1929年9月起任哈佛大学汉文助理教授。[1]梅光迪过世后，赵元任先生在《哈佛亚洲学刊》(*The Harvard Journal of Asiatic Studies*)1946年2期9卷上发表了题为《梅光迪：1890—1945》的悼念文章。文中称，梅光迪1924—1927年在哈佛任教时的教职为Instructor，1929—1936年再续时的教职是Assistant Professor，这与现在一些梅光迪研究者将他描述为哈佛教授的说法明显不同。[2]

梅光迪作为汉语教师主要承担汉语教学工作，教授"汉语1：汉语入门"等语言类课程。在1925—1926学年，梅光迪在语言类课程的基础上增加文学类和哲学类课程："汉语3：中国文学和哲学"。1928年，哈佛燕京学社（Harvard-Yenching Institute）成立，哈佛燕京图书馆、东亚语言系、费正清中国学研究中心等汉语教学、中国研究机构相继建立，又衍生出许多与文学、历史有关的课程，梅光迪承担了"中文5：中国文学与历史理论"课

---

① 眉睫《梅光迪在哈佛大学的学位与职称》，见《中华读书报》2012年6月20日第14版。

② 杨扬《海外新见梅光迪未刊史料》，《华东师范大学学报（哲学社会科学版）》2013年第5期，第4页。

程的讲授。其他的文学类课程、历史类课程有：魏鲁南（James Roland Ware）讲授的“汉语 10：中国文学的历史与智力背景”、洪业讲授的“汉语 11：中国文明史”与“汉语 24：中国历史研究入门”、卢修斯·波特（Lucius Porte）讲授的“汉语 12：中国思想概况”与“汉语 22：孟子的人性观与政治哲学”。[①]

从以上可以看出，梅光迪后期不仅仅承担汉语教学，还承担了历史、文学类课程的教学工作。其承担的课程是随着哈佛大学在中国研究领域的发展而变化的，哈佛大学连续给他安排汉语课以外的历史、文学类课程也说明梅光迪是有能力的，是合适的。实际上，梅光迪在南京高等师范学校期间，曾讲授过文学概论之类的课程。那是在 1920 年 7 月 12 日至 8 月 21 日南京高等师范学校第一届暑期学校期间，梅光迪讲授了文学概论、西洋戏剧和近代西洋文豪等课程。[②] 梅光迪本人也特别倡导对外宣传中国文学。在发表于 1922 年《文哲学报》第 2 期上的《中国文学在现在西洋之情形》中，梅光迪把“文学宣传之必要”专门列为一节。在此文中，梅光迪说道：“文学之所以必宣传者，有三道焉。一者国与国之了解，必资于文学也。二者增国家之尊荣，使人消其轻视之心也。三者已有美物，宜公之于世也。”同时提出有两种宣传方法：“一则国人自以西文著述，一则西洋汉学家著述。

---

① 许霄羽《哈佛大学汉语教学的世纪变迁与启示——以东亚系为参照》，《中国大学教学》2018 年第 5 期，第 92—98 页。

② 眉睫《梅光迪和他的〈文学概论〉》，见《中华读书报》2012 年 10 月 17 日第 14 版。

前者须先于本国文学有精微之研究，而又有西文著述之才，非兼人天资不能到。后者只需中国文学明解无讹，已足优为。其事虽不能咄嗟立办，然较之吾人之以西文著述，固已有难易之殊矣。今日所当为者，在互通声气，培养人才。”[①] 梅光迪在哈佛大学讲授中国文学课程，也是实践其当时的倡议。

哈佛大学是继耶鲁大学之后第二个开设汉语课程的美国高校，是第一个聘请中国人担任汉语教师的高校。1879 年至 1882 年，哈佛大学邀请戈鲲化来校担任汉语教师。之后，哈佛大学的汉语课程停办，一直到 1916 年重新开设汉语课程。这才有了赵元任 1922 年在哈佛的汉语教学，才有了梅光迪 1924 年的哈佛汉语教学之行。赵元任刚开设汉语课的时候，只有三个学生，其他都是旁听生，包括提议开设汉语课程的哲学系主任。赵元任的教学方法与中国人教中文不同，一切都按照语言学的方法打基础，再用罗马字的拼音来正音。为了使学生今后可以从事研究中国文化的工作，当时的教学特别注重文言文和读中国古书。[②] 而梅光迪则与赵元任的教学方法不同，杨步伟称其“注重的内容与方法都近乎旧时咬文嚼字的风气”[③]。这种逐字逐句的方法也许对那些研究中国传统文化的人来说更合适。

美国著名汉学家、原芝加哥大学远东语言及文化系主任、教

---

① 中华梅氏文化研究会编，梅铁山主编，梅杰执行主编《梅光迪文存》，武汉：华中师范大学出版社，2011 年，第 152 页。

② 杨步伟《杂记赵家》，桂林：广西师范大学出版社，2014 年，第 34 页。

③ 同上，第 41 页。

授顾立雅（Herrlee Glessner Creel，1905—1994）是梅光迪的学生。顾立雅 1930—1932 年在哈佛师从梅光迪进修中文。顾立雅晚年回忆说：“刚到哈佛时，我很期盼跟随梅先生学习中国的传统学问，但他当初并没有把我放在眼里，第一个月的课让我仿佛堕入五里雾中。一个月结束的时候，他对我说：‘好，你坚持下来了，现在让我们开始学习吧。’在接下来的两年中，我在他的指导下阅读了大量文献，速度之快让我筋疲力尽。”① 谈到梅光迪的教学方法时，顾立雅在追忆梅光迪的文章中写道：

> 迪生先生的年龄，虽和我相差无几，但足够做我的“老师”，他为我阐释中国文学的奥妙与优美，于理智和性灵二者，兼顾并详，实属难能可贵。至于他的教授方法，是师仿孔子的，我信先生确含有深意。当他讲说文章时，除坚持每个字义必须充分了解外，更注重诠释文字中所涵蕴的观念和旨趣，甚至每每旁及有关中国之文化及其思想等各方面的情形，帮助我们了解。他虽然责人愚昧，但依旧非常仁慈，他实是一个严厉而又令人敬佩的师长。②

在顾立雅看来，梅光迪的教学“于理智和性灵二者，兼顾并

① 顾钧《顾立雅与中国学人的交往》，见《中华读书报》2016 年 3 月 16 日第 07 版。

② 顾立雅《梅迪生——君子儒》，《新文学史料》2007 年第 1 期，第 45 页。

详，实属难能可贵”。他认为梅光迪的教学方法是师仿孔子。讲透每一个字，诠释文字的内涵，强调学习与思考相结合，帮助学生更好地理解。

三、梅光迪哈佛教学生涯评析

自1924年至1936年间，梅光迪除1932年回国一度出任国立中央大学美术与科学系主任、教授外，其他时间均在哈佛大学教授汉语。1936年10月，应浙江大学校长竺可桢的邀请，去浙江大学担任教授，曾任英语系主任、理学院副院长、文学院院长。1945年12月27日病逝。竺可桢校长在12月31日举行的出殡仪式上的讲话中指出：

> 迪生今已成历史上之人物。余于文学为门外汉，但余与迪生三十六年之交谊，故从私情、公谊，不能不说几句。谓其有不可及者三：（一）对于做人、读书。目标甚高，一毫不苟。如读书，必读最佳者，甚至看报亦然。最痛恶为互相标榜、买空卖空。不广告，不宣传。（二）其为人富于热情。初望之虽俨然不犯，但即之有日，始知其为热肠。恶恶如仇。对于青年尤爱护备至。（三）不骛利，不求名，一丝不苟。目今日贪污之风盛行，欲求而不孳孳求利已属上乘，而何况不要名乎？但

因陈义过高，故曲高和寡。①

竺可桢与梅光迪有36年的交谊，对梅光迪非常了解，对梅光迪的一生给予了高度评价。这三条评价也体现在梅光迪在哈佛的工作和生活中。

梅光迪所表现出的爱国精神也是其崇高品格之一。在悼念梅光迪的文中，其夫人李今英写道：

> 在美就学九年，在哈佛教授十二年，时刻想念祖国，归心如箭。尚忆民二十五年，决心回国，船票已定，而学生顾立雅在芝加哥大学主持中文系，特来苦留，迄于深夜，子虽为所动，终不能克胜爱国爱家之热情，复不肯失信于浙大，遂决心回国。②

Howard L. Boorman主编、哥伦比亚大学出版社出版的《中华民国人名词典》中专设“梅光迪”词条，认为梅光迪“生平目标为提倡中西文化交流，综合西方精华，以文学保留历史与传统观念，维持道德与哲学原则，并统一儒家、教育与新人文主义”③。

作为学生的顾立雅评价梅光迪时说：“他给予学生的知识，

① 书同《君子儒梅光迪》，福州：福建教育出版社，2019年，第178—179页。

② 梅李今英《哭迪生》，《新文学史料》2007年第1期，第41页。

③ 段怀清《梅光迪年谱简编》，《新文学史料》2007年第1期，第60页。

固然不少，但大家对先生印象最深的还是他的品格。”① 他写道：

> 先生气度汪洋如千顷波，质因他是一个忠实的孔子信徒，继承孔子所说“居天下之广居”的精神。他不愿仅作一个“穷则独善其身”的教授，更希望“达则兼利天下”。但因他富于理想主义，不肯随众附和，所以无缘施展他的抱负，竟以教学终其身。我们能够亲炙先生的教诲，真是十分荣幸，为了不忘先生栽培之恩，希望保持他的热情正直的精神，继续他的工作，对中国传统文化的至高至善处，加以爱护与阐扬。
>
> 很少有人和先生一样，能真正地实行孔子告勉子夏的话：“汝为君子儒。”②

以上不同人从各自的角度对梅光迪都做出了高度评价。但作为学生的顾立雅的评价，也许更能体现梅光迪哈佛大学任教期间所展示出的品格、精神。因为这是一个学生对老师的评价。

① 顾立雅《梅迪生——君子儒》，《新文学史料》2007 年第 1 期，第 45 页。

② 同上。

第四章

美国陆军特别训练班汉语项目的中国助教

第二次世界大战时期，赵元任先生主持哈佛大学美国陆军特别训练班汉语项目，取得了巨大成功，其创立的汉语教学模式现仍被美国许多大学所采用。[①] 该模式成功的原因除去赵元任先生知识渊博、能力超强之外，最重要的是有众多中国助教的参与。所以，我们在借鉴美国陆军特训班汉语项目教学模式时，要特别关注这些助教的作用。我们在回顾这段历史的时候，也应该从此得到启示，以更好地继承并创新国际汉语教学模式。

一、关于美国陆军特别训练班汉语项目

珍珠港事件后，美国政府需要大量掌握与战争有关地区知识

① 周质平《美国中文教学史上的赵元任（下）》，《国际汉语教学研究》2015 年第 2 期，第 88 页。

和语言的人才。1942年12月，陆军部长和海军部长联合宣布启动“陆军专业训练计划”（Army Specialized Training Program，简称ASTP）。其中的语言项目，实行“军地结合”的方式实施，即，军队内部的语言培训与委托地方院校开展语言培训相结合。

共有55所地方院校参与了ASTP下属的语言培训计划，外语语种达27种之多（不包括方言）。① 开设德语培训的院校有50所，法语的有35所，意大利语的有29所，西班牙语的有25所，俄语的有18所，汉语的有12所，日语的有12所。个别学校开设了塞尔维亚-克罗地亚语、泰语、保加利亚语、匈牙利语、希腊语、波斯语、土耳其语、捷克语、芬兰语、马来语、瑞典语、葡萄牙语、阿拉伯语、孟加拉语、印地语、荷兰语、缅甸语、朝鲜语。在此计划中，汉语被称为“中国官话”，以区别于方言。其中“中国官话”项目下，也包括福建话。开设汉语培训的12所高校如下：

加州大学伯克利分校、加州大学洛杉矶分校、芝加哥大学、康奈尔大学、乔治敦大学、哈佛大学、俄勒冈州立学院、宾州大学、波莫纳学院、斯坦福大学、华盛顿大学（西雅图）、耶鲁大学。②

在12所大学开设的汉语项目中，有许多中国学者主持或

---

① 陈怀宇在《哈佛陆军特训班和中国学者》中的相关数据是：在1943年春、夏学期，ASTP便在55个学校设立外语项目，教授34种外语。（陈怀宇《哈佛陆军特训班与中国学者》，见《文汇报》2013年12月16日第15版。）

② 吴承义《美国国防语言战备研究》，北京：军事科学出版社，2014年，第71—77页。

参与。哈佛大学自1943年8月至1944年12月举办了两期汉语特训班，由赵元任先生主持。芝加哥大学的汉语特训班在1942年8月至1944年3月举行，由邓嗣禹先生主持。邓嗣禹，1905年出生于湖南常宁，1926年考入燕京大学历史系，读两年预科。1928年预科结束后正式进入燕京大学，1932年毕业获学士学位，1935年毕业于燕京大学历史系研究所，获硕士学位。之后，任燕京大学历史系讲师。1938年获哈佛燕京学社奖学金赴哈佛大学攻读博士学位，师从著名汉学家费正清（John King Fairbank）。1941年8月，因研究生课程告一段落，应聘赴芝加哥大学担任讲师。1942年获哈佛大学博士学位，任芝加哥大学中国研究院院长兼远东图书馆馆长。就是在这一年，邓嗣禹负责主持美国陆军特别训练班汉语项目。① 项目取得成功，美国军人通过一年的学习，能说相当流利的汉语，且口音比一般南腔北调的中国人要好，能写中文信，看中文报，能演讲，能听演讲，能在中国做联络、情报、调查、翻译等工作。②

房兆楹受聘耶鲁大学担任汉语特训班教师，和美国学者霍克特（Charles F. Hockett）合作编写了两册汉语口语教材。③

---

①《邓嗣禹先生年谱初编》，见邓嗣禹，彭靖《家国万里：邓嗣禹的学术与人生》，上海：上海人民出版社，2014年，第379页。

② 邓嗣禹《美国陆军特训班给予吾人学习西语的教训》，见邓嗣禹，彭靖《家国万里：邓嗣禹的学术与人生》，上海：上海人民出版社，2014年，第35页。

③ 元青《汉语言与中国文化的海外传道授业——以20世纪上半期中国海外学人为中心》，《社会科学战线》2019年第10期，第153—158页。

二、哈佛大学陆军特训班汉语项目的助教

赵元任主持的哈佛大学陆军特训班汉语项目，由赵元任总体负责，包括教材的编写、课文的录音、大班课的教学等，其他的语言训练则分成 9 ～ 10 人的小班，由助教们完成，赵元任给予指导。关于特训班的教学方式，作为这个班的优秀学员、后成为著名汉学家的牟复礼（Frederick W. Mote）在回忆录中写道：

> 赵教授特别为我们设计了一门课程（教材就是后来由哈佛大学出版社出版的《国语入门》)。我们每天上午第一个小时听赵教授讲解语音和语法，接下来两小时则由他指导和训练出来的中国老师进行小班操练，这批老师大多是当时在美国的中国留学生。其中之一，就是后来任哈佛大学教授的杨联陞。我们每天也花两小时在语言实习室里，听由赵教授、他的家人和小班操练老师所共同录制的课文和对话的录音带，这些对话设计得错综复杂，可以持续不断地谈下去。①

在以上记述中，牟复礼提到了赵元任先生指导、训练出来的中国助教大多是中国留学生，特别提到了杨联陞，另外还提到赵

① 周质平《美国中文教学史上的赵元任（下）》,《国际汉语教学研究》2015 年第 2 期，第 86—87 页。

元任先生的家人也参与了训练班的教学。对于这一段历史，赵元任夫人杨步伟在《杂记赵家》中写道：

元任有一个最忙的事，就是美国人向来临时抱佛脚的办法，看战事一吃紧了，就赶快地来训练中国话和日本话，各大学开速成班，哈佛的日语班归主任自己主管，中国话方面就归元任主管。第一班、第二班一共有一百几十人，都是特选的，打算派出去做指挥人才用的。第一班第一名是 Frederick W. Mote（牟复礼），第二班第一名是 James Crump（柯润璞）。

如此速成班须要一大些助教等等，所以那时杨联陞等都加入助教了。张隆延是书记。连我们的大、二两女及还未成我们的大二两婿也都在助教之内。又给哈佛和麻省理工学院等凡是国语说得好的都抓起来做 informants，在半年中，所有的学生们虽然有好的有次等的，但都能说很好的中国话，他们还编了剧本演戏，又办了一份《大私报》（因为听见中国有《大公报》之故）。大家进步之速都出人意外的。元任除了教国语外，还有粤语班，这个班开战前就有了，所以他先写粤语入门教科书，后写国语入门教科书的。①

从杨步伟的记述中，我们可以得知，特训班的助教有杨联

① 杨步伟《杂记赵家》，桂林：广西师范大学出版社，2014 年，第 230—231 页。

陞、赵元任的大女儿赵如兰、后来成为赵如兰丈夫的卞学鐄、赵元任的二女儿赵新那、后来成为赵新那丈夫的黄培云，另外还提到了张隆延。除去以上若干人以外，我们还知道邓懿也是当时特训班的助教，其丈夫周一良在《毕竟是书生》中写道：

> 中文班由赵元任先生主持，找了一批说北京话的中国学生协助，邓懿也在其中，由赵先生讲大课，包括课文、语法等，再分小班分别训练。赵先生非常注重语音的纯正，例如，“老虎”二字作为一个词的时候，北京发音就是“（牢）虎”。邓懿说的是纯粹的北京话，成为赵先生在语音方面的得力助手。她在做赵先生助手的过程中，从赵先生那学了不少汉语语音、语法的知识，为她以后回国教外国学生汉语打下了良好的基础。[①]

在这些助教当中，杨联陞与其他助教不同，发挥的作用更大。

> 那时候哈佛大学开办陆军特别训练班，中文部有音佛们（informans）约 20 人，我也在内。赵先生对我另眼相看，叫我给学生用中文讲文法，并且给我要了个音似抓可脱（instructor）头衔。音佛们绝大多数是哈佛跟

① 周一良《毕竟是书生》，天津：天津人民出版社，2016 年，第 214 页。

麻省理工学院的研究生，戏称哈麻（蛤蟆）队。[①]

从以上记述中我们得知，杨联陞主要协助赵元任先生讲授中文语法，是赵先生在语法方面的得力助手。邓懿则是赵先生在语音教学方面的得力助手。

（一）杨联陞

杨联陞，1914 年 7 月 26 日生于保定。在保定时曾入志存中学补习班半年。在班时，平均分数 95 分，作文常与李光璧争第一。在全校"故乡的影片"国文比赛中获第一名。1930 年秋，转入北京师大附中高中一部，文科。在校成绩中上，毕业成绩为第九名。1933 年附中毕业，报送师大、燕京。报考清华大学经济系、北京大学国文系。清华大学先发榜，北大也录取，遵家长意见入清华大学经济系学习。在清华四年，除经济系必修课程外，杨联陞还修了许多文史课，如朱自清的国文课、雷海宗的通史和秦汉史、陈寅恪的隋唐史、陶希圣的中国经济史，其他选修的课程还有闻一多的楚辞、张荫麟的学术史、杨树达的《说文解字》、唐兰的古文字学、王力的音韵学、张星烺的中西交通史等。[②]这些课程，都为以后杨联陞哈佛的汉语教学，特别是特训班的语法教学奠定了坚实的基础。1940 年，杨联陞应美国哈佛大学贾德纳

① 杨联陞《赵元任先生与中国语文教学》，《哈佛遗墨》，北京：商务印书馆，2013 年，第 22—23 页。

② 杨联陞《自传》，同上，第 3—8 页。

（C. S. Gardner）的邀请，赴美国协助其进行研究工作。此次赴美有点属于半工半读的性质——半时为贾德纳私人助理，半时在历史系读硕士。后获得哈佛燕京学社奖学金。1942 年获得哈佛大学硕士学位，1946 年获得哈佛大学博士学位，1947 年任哈佛大学远东语文学系（后改为东亚文化语言系）副教授，1958 年任教授，1959 年当选台湾“中央研究院”院士。1965 年获哈佛燕京学社中国历史讲座教授称号，1980 年以名誉教授退休。①

杨联陞具备扎实的汉语言知识，才被赵元任委以重任，成为陆军特训班众多助教中唯一的 instructor（讲师）。在担任陆军特训班讲师期间，杨联陞对汉语语法颇有研究，几乎成为汉语语法方面的专业人士了。1944 年 1 月 22 日，杨联陞在给胡适的信中说道：

> 我的文法第一讲对于词类讲得很草率。因为对于“军人”似乎不必摆“学究架子”。近来觉得所谓“形式语言学者”诸公也颇有道理。也想从形式方面给中国词类一个新定义，现在正在一边想一边念书，还没有什么成绩。看起来我对于文法要由“玩儿票”变为正式“下海”了。②

在这封信中，杨联陞还与胡适交流了关于“的”是“关系代

① 周一良《毕竟是书生》，天津：天津人民出版社，2016 年，第 279 页。

② 杨联陞《莲生书简》，北京：商务印书馆，2017 年，第 17 页。

名词”的说法、“所”的词性等方面的心得。杨联陞将陆军特训班称为海外政治学校，他在1944年3月14日给胡适的信中写道：

> 哈佛的海外政治学校远东组在风雨飘摇之后，裁剩下了一百四十人（旧五十，新九十）。还够忙一阵的。坏学生差不多都走了，以后大概可以教得快一点儿。
>
> 附上我的文法第十二讲，前边的好像都寄给您了。文法暂时告一段落。我现在给旧班（第三学期）学生讲写字。这个礼拜开始的。新班第二学期开始讲文法，还是旧稿子。不过讲得快了一点儿，大约两堂可以讲完前三讲。①

从以上信函的内容可以得知，杨联陞的语法课至少有十二讲。特训班的第二学期开始讲语法。我们还可以得知，杨联陞除去讲语法外，还讲汉字。杨联陞的汉字课是在第三学期。关于何时教授汉字，38年之后的1982年，杨联陞在《与吕叔湘先生笔谈〈语文常谈〉》中说，在国外教洋人中国语文，总是先教文，后教语，赵元任先生后悔他当年大约在第二学期（或至少在第一学期末数周）才教汉字，是晚了点。杨联陞认为，在外国人能说几百句汉语时（约十周后）就可以教汉字。②

---

① 杨联陞《莲生书简》，北京：商务印书馆，2017年，第18页。

② 杨联陞《与吕叔湘先生笔谈〈语文常谈〉》，《哈佛遗墨》，北京：商务印书馆，2013年，第130页。

汉语的音调是外国人学习汉语的难点之一。在特训班期间，杨联陞与其他助教仿造了很多四声词句、同声词句。如“山穷水尽”“风斜雨细”“瓜皮小帽”等，赵先生写下来的有“发行彩票”“跟您请假”“虾仁炒面”等[①]，这样练声调便更有趣些。

作为陆军特训班的成果，赵先生写成了两部书，一本是《国语字典》(Concise Dictionary of Spoken Chinese)，1947年出版；另一本是《国语入门》(Mandarin Primer)，1948年出版。其中《国语字典》是与杨联陞合著的，对此，杨联陞特别声明，多数的情形，前辈与后辈合著一书，往往是后辈比前辈做得多，但《国语字典》赵先生的贡献要比自己大得多，得以合著，完全是赵先生提携后进的盛意。[②]

(二)邓懿

邓懿，1914年4月17日生，中学就读于南开女中。在中学期间，邓懿品学兼优，各门功课都很好，特别喜欢文学，作文常常受到表扬，作为范文。大学就读于燕京大学国文系，1936年毕业后考入清华大学中文系研究院。1939年，其夫周一良赴美国哈佛大学留学。1941年，邓懿来到美国，先在哈佛女校法文系读了一学期，因学费没有着落而辍学。为补贴生活，邓懿在哈佛大学远东语文系中日文图书馆工作，同时协助柯立夫教授教中

① 杨联陞《赵元任先生与中国语文教学》，《哈佛遗墨》，北京：商务印书馆，2013年，第23页。

② 同上，第27—28页。

文。[①]1943 年赵元任先生主持哈佛大学陆军特训班中文项目时，聘邓懿做助教。之所以选择邓懿，除因为她能讲一口纯正的北京话外，还因为其具有扎实的汉语言专业知识。这段经历对邓懿影响很大，53 后的 1996 年，邓懿对哈佛大学陆军特训班汉语项目的教学仍记忆犹新，她在回忆这段教学经历时说：

> 赵先生特别重视语音，老先生脾气挺好，可是在语音的要求上特别严格。你要是说得不对，他就让你不停地说，说对了为止。从前上课的时候，是他上大课，学生有百来人左右，他完全用英文给学生讲，比如说什么音相当于英文的什么音，应该怎么发。上完大课，就是练习课了。练习课分小组上，一个组十个人左右，那样学生就有很多时间练习了。负责练习课的有十几个老师，我是其中之一。在这个课上，我们差不多就不说英文了，完全用中文，还发很多讲义，让学生练。现在也想不起来当时有什么特殊的方法来教学生哪个音怎么发，总的就觉得要求要严，一定要说对了为止。[②]

邓懿在做赵先生助手的过程中，学习了很多汉语语音、语法

---

① 周一良《毕竟是书生》，天津：天津人民出版社，2016 年，第 187 页，201 页，202 页，214 页。

② 戴桂芙等《邓懿先生访谈录》，见戴桂芙，刘德联主编《对外汉语教学法研究》，北京：北京大学出版社，1996 年，第 148 页。

的知识，为邓懿回国后从事对外汉语教学工作打下了良好基础。可以说，邓懿哈佛大学陆军特训班的经历直接影响了其回国以后的事业发展。正是这段经历使邓懿成为1950年清华大学“东欧交换生中国语文专修班”的教师和教学负责人，成为新中国对外汉语教学事业的开拓者之一。1950年的夏天，时任清华大学校务委员会副主任的周培源找到了在燕京大学国文系担任“华侨汉语”教学工作的邓懿，请她到清华大学出任“东欧交换生中国语文专修班”教师，并负责教学工作。周培源1943年去美国的时候，曾到赵元任先生家做客，在赵先生家认识了邓懿。当时，邓懿作为助教正在帮助赵元任先生开展陆军特训班的汉语教学。鉴于特训班汉语教学的良好效果，周培源委托邓懿创建清华大学“东欧交换生中国语文专修班”。①

1950年清华大学“东欧交换生中国语文专修班”的罗马尼亚学生罗明（Romulus loan Budura，后成为罗马尼亚驻华大使、中国问题资深专家）、萨安娜（Ann Eva Budura，罗明夫人，历史学博士、中国历史研究专家）对当年的老师邓懿有着深刻的印象，二人在回忆文章中写道：

> 邓懿女士风姿典雅，认真严格，像任何一位追求完美的教师一样。她是专业的语文工作者，有在美国大学教授外国人学习汉语的经验。她承担了培养人民民主国

① 邓懿《难忘的岁月》，《北京大学学报（对外汉语教学中心成立十周年纪念专刊）》1994年10月，第2页。

家留学生的主要工作，同时编写汉语教材。[1]

哈佛大学的经历帮助邓懿顺利地完成了“东欧交换生中国语文专修班”的教学工作。专修班没有教材，邓懿便根据赵元任在哈佛大学陆军特训班的教材进行改编。那时教材是油印的，邓懿编一部分，便油印一部分。也就是说，一边编，一边印，一边用。鉴于此，作为清华大学“东欧交换生中国语文专修班”期间邓懿助手的钟梫认为，新中国对外汉语的源头是赵元任。他说道：

> 我常常说新中国对外汉语的源头应该是赵元任，从赵元任到邓懿，邓懿从五十年代初开始编《汉语教科书》，这条路是这么下来的。
>
> 邓懿非常忠实于赵元任的教材，她是赵元任的助教，从他那儿她学了不少语音、语法的知识，我们最开始用的教材就是邓懿翻译赵元任的。但是我们也得从实际出发，赵元任在美国用的教材不完全适用于我们，所以，词汇上的改动大一些。句型，也就是 sentence patterns 用的是赵元任的，例句根据实际情况作了一些改变。
>
> ……

---

① 罗明，萨安娜《清华园，通向中国之门》，《神州学人》2015 年第 7 期，第 22—25 页。

> 邓懿开始的时候就是搬来赵元任的，后来我们在使用中发现不合适的再一点一点改进。就这么一个过程，一个正常的过程。
>
> 所以，这套教材首先归功于赵元任，然后是他的接班人邓懿。①

可以说，通过邓懿的传承，赵元任直接影响到了新中国对外汉语教学事业的开创，除了教材参考、继承了赵先生哈佛大学陆军特训班时的教材，教学模式也继承了赵先生哈佛时期的模式。李景蕙1953年分配到“北京大学外国留学生中国语文专修班”担任邓懿先生的助教，她对当时的教学模式记忆深刻，也有很多心得。2008年她接受采访时回忆道：

> 课程设置的基本情况是这样的，一位教授主讲，一天上1个学时的语法讲授课，然后配3个学时到5个学时的练习课。具体我所在的东欧组，就是邓先生主讲，我们作为助教，配合她的教学，对学生进行语言操练。后来，这样的课程设置和教学程序几乎成了传统。
>
> 拿我所在的东欧组来说，邓懿先生的语法讲授课主要讲授语言理论，并且指导一些初步实践。这里的“语言理论”就是指语法理论，主要是根据传统语法、句子

① 崔希亮《北京语言大学对外汉语教学名师访谈录：钟梫卷》，北京：北京语言大学出版社，2010年，第66页。

成分分析法构建的语法框架来教授汉语。所以，邓懿先生讲授的语法理论非常精、非常少，配备练习和语言活动的任务全都是我们这些助教来操作。练习的内容主要是根据邓懿先生讲授的内容，邓懿先生讲授什么，我们就配合着练习什么。当然，我们还要考虑不同的课型，因为不同课型的课堂任务不同。比如，听力辅导就是去听录音。

说到渊源，实际上这种教学模式是邓懿先生从美国带回来的。1949 年新中国成立后，最初的对外汉语教学没有现成的教学模式，所以我们需要借鉴。事实证明这样的借鉴有效地推动了教学发展。①

从以上可以看出，20 世纪 50 年代开创的新中国对外汉语教学，从教材到教学模式都受到了赵元任的影响，应该说这种影响是持久的。

（三）赵如兰、卞学鐄

赵如兰，赵元任和杨步伟夫妇的长女，1922 年生于美国麻州剑桥，当时赵元任正在哈佛大学任教。赵如兰一生随父母在世界多处居住——两岁时随父亲在巴黎居住一年，1925

① 崔希亮《北京语言大学对外汉语教学名师访谈录：李景蕙卷》，北京：北京语言大学出版社，2008 年，第 10—11 页。

年又随到清华大学任教的父亲回到北京，其后在长沙、昆明短暂居住；1938 年再度随父母到美国，随在夏威夷大学、耶鲁大学、哈佛大学任教的父亲而多次转换居住地；1947 年赵元任先生长期居住加州之后，赵如兰则因学习、工作等多方面原因，长期居住在剑桥。赵如兰的大学第一年是在位于斯托斯镇的康州大学读的，这时她经常跟着父亲赵元任去美国中部不同的大学参加夏季语言学会议，虽然听不太懂，但也逐渐熟悉了一些基本原理。赵元任 1941 年到哈佛大学任教后，赵如兰转学瑞德克利夫学院，主修音乐。后来瑞德克利夫学院与哈佛合校，赵如兰应该 1944 年毕业，但她多选修了一些课并上了暑期学校，1943 年秋天就大学毕业了。之后，在哈佛大学读研究生，1946 年获得音乐硕士，1960 年获中国音乐史博士学位。1947 年开始在哈佛大学东亚系教授中文，1962 年在哈佛大学讲授中国音乐课程，1974 年升为跨音乐系及东亚系终身教授。

赵如兰 1943 年参加了赵元任主持的哈佛陆军特训班的汉语教学。她认为其父亲编写的教材《国语入门》涵盖了现代汉语的扼要原则，教师和学生使用起来不轻松，但若下定决心把它从头到尾学完，则学听和说汉语都很见效。赵如兰多年使用这套教材教汉语，另编写各种辅助材料，还出版了《国语入门提纲》，把每一章的文法择要勾画出来，提供更多的例子。20 世纪 40 年代在剑桥的中国学生比较多，以哈佛大学和麻省理工学院的中国学生为主组织了一个合唱团，聘请赵如兰为指挥。这个合唱团简称为“哈麻”，与“蛤蟆”同音。[①] 正是这个合唱团，赵如兰结识了后来成为其丈夫的麻省理工学院的卞学鐄。

卞学鐄，1919 年出生，南开中学毕业后考入清华大学，1940 年毕业于清华大学（西南联大时期）航空系，1943 年赴麻省理工学院攻读硕士、博士学位。获得博士学位后留校任教，1989 年退休为荣休教授。2009 年逝世，享年 90 岁。

1943 年，其父赵元任先生为练习学生发音、四声而收集整理了许多一二三四声的词句，如“荤油炒肉，偷尝两块”。这种方法对赵如兰有着很深的影响，赵如兰在哈佛教中文时，特别重视发音和四声，收集了很多三个同声阶的人名，如孙中山（一声）、王阳明（二声）、史可法（三声）、霍去病（四声）。[②] 这种寓游戏于教学的方法对于学生练习发音和声调很有帮助。

（四）赵新那、黄培云

赵新那，赵元任次女，1923 年 5 月 14 日出生于美国，毕业于哈佛大学瑞德克利夫学院。1945 年 7 月 21 日与黄培云结

---

① 赵如兰《素描式的自传》，见荣鸿曾，吴淼鑫主编《在你温厚的笑容中荡漾：纪念哈佛大学首位华裔女教授赵如兰》，上海：上海音乐学院出版社，2016 年，第 24 页。

② 吴淼鑫《卞太太：我所认识的赵如兰教授》，同上，第 167 页。

婚。1946 年与黄培云一起回国，任教于武汉大学，后调至中南矿冶学院（今中南大学）。赵家经常举办清华同学会，赵新那与黄培云是在清华大学同学会上认识的。后来，黄培云参加了哈佛、麻省学生组织的“哈麻歌咏队”，也就是当时笑称的“蛤蟆歌咏队”，赵新那的大姐赵如兰任指挥，赵新那参加演唱。

> 二战的时候，哈佛大学受国家的委托，办了日文班、中文班，教美国大兵。日文班由一位教授负责，中文班由我父亲负责，叫 ASTP。二战的时候，中国和美国、苏联等是盟国，联合打击法西斯。这样办了这期培训班。我父亲在哈佛大学和麻省理工学院找会说普通话的中国留学生做辅导。也有当时的照片，这张照片是当时辅导人员的一部分，其中也有两位未来的女婿，我姐姐和我，还有一些留学生。我父亲讲大班课，我们分小班辅导。那时候我们一起上这些辅导课。①

黄培云，1917 年 8 月出生于北京，1938 年毕业于清华大学化学系（西南联大第一届毕业生）。1941 年赴美留学，1945 年获美国麻省理工学院博士学位，之后在麻省理工做博士后，1946

① 黄培云口述，郑艳访问整理《20 世纪中国科学口述史：黄培云口述自传》，长沙：湖南教育出版社，2011 年，第 112 页。

年底回国，1947年任武汉大学矿冶系主任、教授，1952年任中南矿冶学院副院长。曾先后担任过中国金属学会、中国有色金属学会副理事长，中国机械工程学会粉末冶金学会副理事长，中国科学院矿冶研究所副所长，中南工业大学粉末冶金研究所所长，湖南省科协主席。中国工程院资深院士，中南大学学术委员会主任。黄培云先生筹建了中国第一个粉末冶金专业，创立了中国第一个粉末冶金研究所，为我国粉末冶金学科的创立和建设做出了卓越贡献。[1]

（五）张隆延

根据杨步伟《杂记赵家》所记述，张隆延在哈佛大学陆军特训班期间担任书记，这应该是一个行政类职务，而不是助教。张隆延是著名书法家胡小石的弟子，在艺术方面见多识广，对书法艺术有着较深的研究和独特的见解。陆军特训班期间，张隆延正在哈佛大学学习，与杨联陞为诗友。在杨联陞《哈佛遗墨》中可见多首与张隆延相关的诗句。由张隆延担任书记一职可见，当年哈佛大学陆军特训班汉语项目的助教不仅由中国留学生担任，就连行政事务也由中国留学生“包办”了。

---

① 黄培云口述，郑艳访问整理《20世纪中国科学口述史：黄培云口述自传》，长沙：湖南教育出版社，2011年，陈振华撰写的《引言》。

三、陆军特训班成功之启示

（一）当地中国留学生或其家属是汉语教学丰富的资源

哈佛大学陆军特训班汉语项目的成功无疑是赵元任先生的主要功劳，但要实现赵元任先生汉语教学模式得需要大量负责语言操练的助教。赵先生在哈佛大学、麻省理工学院的中国留学生中选择了一批普通话说得好的来担任助教，他们在赵先生的指导下，成功地完成了语言操练等任务。另外，被胡适称为“有学问的”留美学人家属的周一良夫人邓懿，作为赵先生的助教，不仅在当时出色地完成了助教工作，还将跟随赵先生学习到的知识、方法等应用到新中国的对外汉语教学事业的开创之中，直接影响了新中国对外汉语的发展。由此可见，当地的留学生以及留学生家属是汉语教学的丰富资源，我们应充分利用。特别是现在出国的留学生及其家属，普通话都比较标准，只要加以适当培训，承担汉语操练之类的课程绝对是可以胜任的。关键是需要一个导师，对他们进行指导，并与整个的教学环节进行配合。

（二）发音标准是对一个汉语教师的基本要求

赵元任先生特别重视语音教学，所选择的助教也是发音比较标准的。杨联陞回忆道：“当时的诸位音佛们口音都不错，要拿

‘石室诗士’考他们的读音，都考不住。”[①] 当然，成为一个汉语教师的条件有很多，但是语音是否标准很重要。邓懿先生 1950 年筹办“东欧交换生中国语文专修班”时，特别重视教师的质量。她坚持应考者须在汉语语音、语法、一般文化知识和外语等各方面条件合格，才能录用。[②] 在各项条件中，她把汉语语音放在首要位置上。邓懿先生认为，外国学生学习汉语，发音标准与否很重要：“要不一张嘴，人家不知道你说什么，你自己觉得你说明白了，可是人家并不懂，这有什么好呢？”[③] 当时，赵元任先生及众多助教们使用的练习美国学生语音、声调的方法，也值得我们借鉴。美国普林斯顿大学教授周质平先生认为：“不但应该继承，而且应予发扬光大。”[④]

（三）“精讲多练”仍是有效的教学模式

赵元任 1943 年哈佛大学陆军特训班汉语项目的教学模式至今仍为美国许多大学所采用。虽然过去了几十年，但赵元任的教学方法仍然不过时。当然，这种模式须有较多数量的助教用较多的时间来实施。这需要我们在教学实践中认真设

① 杨联陞《赵元任先生与中国语文教学》，《哈佛遗墨》，北京：商务印书馆，2013 年，第 24 页。

② 肖钟《燕东园内访邓懿》，《世界汉语教学》（预刊）1987 年第 1 期，第 61 页。

③ 戴桂芙等《邓懿先生访谈录》，见戴桂芙，刘德联主编《对外汉语教学法研究》，北京：北京大学出版社，1996 年，第 149 页。

④ 周质平《美国中文教学史上的赵元任（下）》，《国际汉语教学研究》2015 年第 2 期，第 85 页。

计并加以实践。

1943 年赵元任先生主持的美国陆军特训班汉语项目有许多值得我们借鉴的地方，以上三点只是基于助教的角度的一点思考。当然，这种思考也是不够全面的。

第五章

旗人桂林和南社诗人潘飞声的德国汉语教学

当我们谈起德国汉语教学的历史时，不得不提到 1887 年建立的柏林东方语言学院，而提到东方语言学院就不得不提到建立初期来自于中国的两位语言教师，那就是桂林和潘飞声。桂林、潘飞声德国东方语言学院教授汉语的历史记忆，记载在德国著名汉学家福兰阁（Otto Franke，1863—1946）的自传中，记载在普鲁士历史档案中，记载在当时驻德使馆外交官张德彝的日记中，记载在潘飞声的文章、诗篇中。

一、受聘德国柏林东方语言学院

追寻桂林、潘飞声德国柏林东方语言学院教授汉语的历史记忆，我们首先得了解东方语言学院的历史。随着德国对亚洲，特别是对远东地区和非洲商业关系的扩大，为满足外交和工商业的需要，德国决定于 1887 年 10 月 27 日在柏林开办东方语言学院（Seminar für Orientalische Sprachen），官方称之为“弗里德里希–威廉大学附属东方学院”（Seminar für Orientalische Sprachen an der Friedrich-Wilhelms-Universität Berlin），即人们常说的柏林大学东方语言学院。学院设有中文部。学员大部分是朝着外交官努力的，其他有商人、传教士、军官和文职人员。[①]后来成为著名汉学家的福兰阁、佛尔克（Alfred Forke）是学院第一批学员。

东方学院设立中文专业，与当时德国在华势力的扩张有关。1840 年第一次鸦片战争后，英国、法国、美国迫使清政府签订了不平等条约，三国在华谋取了前所未有的利益。这时，德国由于国内尚未统一，尚无力与其他资本主义国家争取在华势力，只能跟着他们后面谋点小利。第二次鸦片战争后，除去英、法、美外，俄国又加入了对华强取豪夺的队伍之中。1858 年 6 月，四国分别与清政府签订了《天津条约》。德国真正开始伸手东方国家谋取利益是 1859 年秋远征队的成立。1860 年 3 月，远征队离开德国奔向中国、日本和暹罗（泰国）。1861 年远征队来到上海，之后逼迫清政府签订了“通商条约”，成为第 5 个在华确立侵略地位的西方国家。1871 年，俾斯麦以“铁血政策”统一德国，进一步加强了对东方的侵略扩张。1880 年 3 月 31 日，清政府代表与德国驻华公使在北京签署《续修条约》，给予德国更多在华权

①〔德〕福兰阁著，欧阳甦译《两个世界的回忆：个人生命的旁白》，北京：社会科学文献出版社，2014 年，第 37—38 页。

益。随着德国在华利益的扩展，其与中国的贸易额也在不断增长。其中，军火贸易所占份额最大。德国统一后，由于中国继续扩充军队设备，与德军火贸易更是迅速增长。除此之外，德国还在华开设了许多工厂和银行。[1] 正是看到了在华利益，特别是今后巨大的市场潜力，培养懂得汉语、了解中国文化的人才，便成为德国政府的一项重要任务。在此背景下，东方语言学院应运而生。

为办好东方语言学院的中文部，德国决定从中国聘请两位中文教师，一位教授官话，一位教授广东话。官话教师聘请的是北京的满洲人桂林，广东话教师聘请的则是潘飞声。从史料看，桂林、潘飞声二人受聘赴德任教，是德国官方行为，二人分别由北京的德国大使馆和德国驻粤领事馆负责招聘并办理相关手续。在德国驻华使馆与桂林签订的合同中，明确言明“德京现欲设立东语学堂，延桂先生前往充当教授中语教习”，“谨照德国外部来文之意订立合同”。赴德前，桂林与德方签订的合同：

东语学堂合同

大德国驻扎中华钦差公署为现订立合同事，与前日本东京外国人学校教师桂林，谨照德国外部来文之意订立合同，所议各条，开列于后：

第一条：德京现欲设立东语学堂，延桂先生前往充当教授中语教习，订明与本馆阿翻译一同起程，其路费由德国及布国发给。于临行时将路费约计大概，由驻京

① 杜继东《中德关系史话》，北京：社会科学文献出版社，2011 年，第 23 页。

钦差公馆先付，桂先生收领。其轮船之费，或付现钱，或付船票均可。

第二条：搭乘火轮车船，皆用中等客座。

第三条：桂先生应许在学堂充当教习以三年为期满，倘德国及布国该管衙门于期限未满时欲行辞退，仍给路费回华。若期满归国，路费亦由官给（车船之费仍按上条办理）。

第四条：桂先生在学堂充当教习，言定月给脩仪德金三百五十元（按外国月份）。此项脩金将来可增至四百元，但此节系由德国及布国该管衙门酌定。

第五条：桂先生到德京后，除礼拜日及学堂放假期内不计外，每日午后入学授课四点钟时。此外有学堂相涉之公务，亦愿承办，以期速有成效。

第六条：脩金自桂先生起程之日为始，又允于起程前数日预付桂先生一月脩金，以便置办行装书籍等件。

第七条：除预付一月脩金外，于起程前数日仍许预付桂先生德金三百五十元，以补前项之不足。惟此项应于到德后陆续缴还，言明每月扣金三十元，自本年西十月为始。

第八条：大德国驻扎中华公馆允于每月月底（按外国每年十二个月计）在京交付桂先生家属英洋银二十元。于起程之前按中国规式立折，盖用德馆印信，赴先生家属执持，每月赴馆领取。亦由本馆注明盖印，以折为凭。

第九条：上条言明每月在京付桂先生家属洋银二十元，此项应在德国所领脩金内每月扣除。暂以洋银二十元合德金七十元计算，每逾数月按时价低昂算明，互相补还。

第十条：桂先生或于期限未满，身患重病，应许回国，仍由德国及布国该管衙门付给路费（舟车座位均按第二条办理）。

以上合同各条，缮写德汉合璧各三份，一份送至德国外部查照，一份存于德国公署存案，一份交由桂先生收执。此大德国钦差驻扎中华便宜行事大臣巴兰德，与中国人桂林画押，又由德馆阿翻译画押，以为德汉合符之据，并盖用德国公馆关防，以昭信实。

大清光绪十三年五月初七日。[①]

与此同时，德国驻粤领事熙朴尔[②]与潘飞声签署了赴德任教的合同，其内容与桂林的合同类似。[③]

从与桂林所订立的聘用合同得知，此合同是遵照德国外部

① 张德彝《五述奇》（下册），长沙：岳麓书社，2016 年，第 378—380 页。

② 洪再新的《艺术鉴赏、收藏与近代中外文化交流史——以居廉、伍德彝绘潘飞声〈独立山人图〉为例》一文中，熙朴尔（von Syburg）为副领事（《故宫博物院院刊》2010 年第 2 期，第 10 页注释［1］）。

③ 根据“桂林–潘飞声”档案卷宗第三号光绪十三年五月七日（1887 年 6 月 27 日）合同，桂林的月薪为 350 马克，潘飞声 300 马克。（同上，第 11 页注释［2］。）

（外交部）来文所订，具有官方性质；由德国驻华使馆“阿翻译”陪同一起前往德国；任期三年；往返旅费由德方负担，即使因其他原因任期未满，回国的旅费也由德方负担；工资一月 350 马克，以后可增至 400 马克。张德彝在《五述奇》中的有关记载也印证了以上内容。他在光绪十三年（1887）十月二十三日写道：

有德国东方大学院华文教习桂竹君（林）、潘兰史（飞声）来拜。二君系前于六月初间经德国驻华公使巴兰德特邀，同其参赞官阿恩德前于八月初旬到此者，言定每月束脩三百马克，房屋自赁，饮食自备。①

从桂林与德方签署的合同以及张德彝《五述奇》中的记载看，有两个人对桂林、潘飞声去德国任教非常重要——一个是当时德国驻华公使巴兰德，一个是合同中的“阿翻译”，也就是张德彝所说的参赞官阿恩德。巴兰德（Max August Scipip von Brandt，1835—1920）是近代中德关系史上的一个重要人物。他 1861 年随德国东亚特使团第一次来华，在与清政府谈判、签约中发挥了重要作用。巴兰德 1875 年 3 月开始任驻华公使，是继李福斯（Guido von Rehfues，生卒年不详）之后第二任德国驻华公使。1893 年卸任，长达 18 年。② 福兰阁 1888 年 9 月作为翻译生到北京德国公使馆时，正是巴兰德担任公使。福兰阁对这位公使的印象极好，在自传中说道：（巴兰德）对于东亚事务的丰富

---

① 张德彝《五述奇》（上册），长沙：岳麓书社，2016 年，第 31 页。

② 关于巴兰德在中国的情况可参见王维江《巴兰德在中国》，《近代史研究》2012 年第 5 期，第 128—141 页。

经验，对于西方国家与中国关系史的了解，几乎没有第二人能与他相比。又如，福兰阁还提到：巴兰德知道，为了在如此陌生的中国找到头绪，除了语言，还必须掌握其国情和历史。他称赞巴兰德“充满热情”“理解官员们有关学术研究的努力”，称巴兰德为维护德国的利益立下了丰功伟绩，在中国享有崇高的威望，具有“尊严的外表”“讨人喜欢的谈吐方式”“聪明和自信的态度”“丰富的专业知识”。[①] 从福兰阁的赞美之词中，我们可以看到，除学习汉语外，巴兰德还鼓励德国人掌握中国国情、开展有关中国的学术研究。他的这种认知和态度，对于推动设立东方语言学院、聘请中国人赴德任教具有积极意义。

阿恩德（Karl Arendt，1838—1902）1856—1859 年在柏林大学学习语言学，1865 年到中国。1866 年在天津德国领事馆工作。1868—1887 年在北京德国公使馆和天津领事馆担任翻译，熟练掌握汉语，也具有丰富的汉语学习、训练方面的经验。[②]1887 年，经德国驻华公使巴兰德推荐，阿恩德担任东方语言学院的中文教授。[③] 阿恩德是第一个将专门的、涉及当代中国的知识系统化的教授，为培养第一代掌握语言、熟悉现代中国的专家学者做出了

①〔德〕福兰阁著，欧阳甦译《两个世界的回忆：个人生命的旁白》，北京：社会科学文献出版社，2014 年，第 48 页。

② 李雪涛《一本汉语教科书反映的近代中德关系——薛葆、康慕义〈新式中文书面语入门练习册〉初探》，澳门特别行政区政府文化局《文化杂志》中文版，第 92 期，第 42 页。

③ 吴晓樵《关于南社诗人潘飞声掌教柏林——兼谈一段中德文学因缘》，《中国比较文学》2014 年第 1 期，第 93 页。

重要贡献，是现代汉语教学学科专业化的先驱。[1]就桂林、潘飞声任教东方语言学院这一历史事件而言，阿恩德是与桂林签署的合同的画押者，是桂林、潘飞声赴德国的陪同者，是桂林、潘飞声在东方语言学院的同事，是桂林、潘飞声任期结束回国的送行者（阿恩德送二人至意大利登船）。阿恩德可以说既是桂林、潘飞声柏林任教历史事件的见证者，又是这一历史事件中的一个角色。

东方语言学院之所以聘请桂林、潘飞声赴德任汉语教师，是因为他们具有胜任这份工作的能力。桂林，如上述与德国公使所签订合同中所言，其为东京外国语学校教师，曾在日本教授汉语3年，为日本汉语教材《华语跬步》第二卷写过序言。[2]可以说桂林具有教授外国人汉语的经验。潘飞声（1858—1934），字兰史，号剑士，广东番禺（今属广东广州）人，与君剑傅屯良、钝剑高天梅、剑华俞锷并称为“南社四剑”。潘飞声家境富裕，从小就受到了良好的中国传统文化教育，能诗词，善书画，加上东方语言学院需一名粤语教师，潘飞声便被德国人选中。邱炜萲的《五百石洞天挥麈》云：“兰史典簿才名之大，至为域外所慕。德意志国适创东文学舍，嘱驻粤领事熙朴尔致币延主柏林京城教习。以光绪十三年丁亥（1887）应聘，十六年庚寅（1890）始

①〔德〕罗梅君《阿恩德和现代汉语教学的专业化》，见胡春春，俞宙明主编《德国的“中国能力”与中国的“德国能力”》，北京：社会科学文献出版社，2019年，第166页。

② 吴晓樵《关于南社诗人潘飞声掌教柏林——兼谈一段中德文学因缘》，《中国比较文学》2014年第1期，第95—96页。

返。”① 至于潘飞声本身是出于何种考虑应邀前去任教，有着不同的说法。潘飞声族兄潘仪增在《天外归槎录》序中说道：“兰史少能文名，负经世之志，数不得志于有司。牢骚抑塞，遂作航海远行。”②

1887 年 8 月 31 日（光绪十三年丁亥七月十三日），潘飞声在熙朴尔的陪同下在广州乘保安号船赴香港。次日抵达香港，即到德国领事馆。阿恩德前来拜访，奉命来迎接潘飞声，并陪同其前往德国。当日，潘飞声登上德国轮船巴仁号，与同往柏林任教的桂林会合，两人开启了赴德国任教的旅程。自广东乘船出发经香港、新加坡、苏门答腊、锡兰、亚丁、红海、地中海，直到意大利热那亚登陆，然后乘火车至柏林的途中，潘飞声写下了 29 首纪行诗。其中，有不少诗抒发了思乡爱国之情及豪情壮志。10 月 8 日抵达柏林。

二、两人在柏林东方语言学院的任教情况

1887 年 10 月 27 日东方语言学院正式成立。德国外交部对东方语言学院的成立非常重视，国务秘书赫伯特·冯·俾斯麦（Herbert von Bismarck）在开幕式上致辞。学员多为以后想成为

① 毛庆耆《潘飞声小传》，《文教资料》1999 年第 5 期，第 71—72 页。

② 潘飞声《天外归槎录》，见钟叔河，曾德明，杨云辉主编《张祖翼伦敦竹枝词等五种》，长沙：岳麓书社，2016 年，第 125 页。

外交官的人，也有商人、传教士、军官和文职官员。[①]桂林和潘飞声应该是经历了东方语言学院的成立及开学的整个过程。那么，桂林、潘飞声所教学生人数多少，汉语教师有谁，汉语课程如何，等等，这些汉语教学的基本要素在张德彝《五述奇》等历史资料中都有着记载。

张德彝1888年1月15日（光绪十三年十二月初三日），在《五述奇》中记载：

> 闻二君共教三十二人，年皆三四十岁者，并不读书，学话而已。中学官话者多，惟有三人专学广东话，其故乃将来去粤学充领事官也。[②]

1889年12月21日（光绪十五年十一月二十九日）记载：

> 生徒二十余名，内以律例学生为正学，买卖等人为附学，以三年为满，考试列上等者，给以卒业凭据。原定每日教四点钟，因功课不多，暂作为两点钟。每日午后六点起至八点止。自戊子九月起，每日加课一点钟，自五点钟起至八点钟止。其按定例放学日期，系西年自耶稣生日起放学二礼拜。春季自耶稣复生日（在二月中

① 〔德〕福兰阁著，欧阳甦译《两个世界的回忆：个人生命的旁白》，北京：社会科学文献出版社，2014年，第37—38页。

② 张德彝《五述奇》（上册），长沙：岳麓书社，2016年，第51页。

旬，年年不一定）起，放学两个月。秋季自西八月十五日起放学两个月，其余尚有西洋五旬节等，均放学一日（俱在春季，共四五次）。洋教习阿恩德系每早八点至十点教课。馆中教课不过语言而已，并未读书。教习共有中国、日本、土耳其、印度、阿拉伯、波斯、希腊、阿斐利加八门，皆以各本国人为之。又因以上各国地在日耳曼之东，故名其馆曰东方。①

1890 年 7 月 3 日（光绪十六年五月十七日）记载：

（东方语言学院）内共学八国语言文字，为中华、日本、印度、埃及、亚拉柏、土耳其、波斯、希腊。共教习十三，各人屋一间，大小不一，内各长桌一，凳两行。正面长桌头横一小桌，桌后一椅为师座，座后悬黑漆水牌一。各屋教读，皆有定时。其中教习，有各本国者，亦有德人代教者。如中国者为桂林君、潘兰史及德人阿恩德。……学徒共八十三名，内学华言者十九人，学波言者一名，其他未详。②

从以上资料可以看到：

东方语言学院中文部的学生规模：1888 年初的时候，东方学院

① 张德彝《五述奇》（下册），长沙：岳麓书社，2016 年，第 380 页。

② 同上，第 464 页。

学习中文的学生有32人，年龄30～40岁，以汉语口语为主，其中学习官话的多，只有3人学习粤语，以后前往广东担任领事。这也是德国官方邀请来自于北京的桂林和来自于广东的潘飞声的缘故，邀请桂林是由其教授官话，邀请潘飞声的目的则是教授粤语。从学生数量上讲，潘飞声教授的学生要比桂林少得多。这些学生主要是学习语言，即所谓的只学话，不读书。1889年底，学习汉语的学生为20多人。到了1890年7月，学习汉语的学生为19人。

东方语言学院中文部的教师：东方语言学院共开设8国语言学习课程，基本上采用母语国的教师和德国教师相结合的方式为学生上课。中文部有中国人桂林、潘飞声和德国人阿恩德。这位阿恩德就是陪同桂林、潘飞声由中国来到柏林的阿恩德（张德彝称其为参赞官，德国与桂林所签订的合同中称其为阿翻译）。阿恩德教授的是中国北方现代口语课程。① 阿恩德根据在北京学习的经验，制定了一套语言教学新方案，其核心是把为古汉语服务的一般语言学和语法知识运用到现代汉语教学上。在课堂上，教师和学生地位平等，教师尽可能多地用会话形式授课。新方案将汉语课分为“理论课”和“实践课”。阿恩德负责理论课，中国教师负责实践课，所谓的实践课就是按照阿恩德预定的方案，与学生开展对话练习。② 阿恩德1891年出版了《中国北方官话手

①〔德〕福兰阁著，欧阳甦译《两个世界的回忆：个人生命的旁白》，北京：社会科学文献出版社，2014年，第37页。

②〔德〕罗梅君《阿恩德和现代汉语教学的专业化》，见胡春春，俞宙明主编《德国的“中国能力”与中国的“德国能力”》，北京：社会科学文献出版社，2019年，第176—177页。

册》,1894 年出版了《中国北方官话入门》。[①] 在编写教材过程中，桂林为阿恩德提供了帮助。[②]

教学时间：一般为下午授课，授课的起始时间有所变化，有下午 6 点开始的，也有下午 5 点开始的。圣诞节放假两周，复活节放假两个月。8 月 15 日起放假两个月。

两人教授的汉语课程：有关资料显示，1887 年至 1888 年冬季学期桂林和潘飞声教授的课程名称与时间分别是：桂林教授的课程为汉语实践练习，以北方汉语为侧重点，上课时间为周一、三、四晚 6 点至 8 点，周二、五晚 7 点至 8 点；潘飞声所教授的课程为汉语实践，以南方汉语为侧重点，上课时间为周一、三、四晚 6 点至 8 点，周二、周五晚 7 点至 8 点。可见当时分设两个平行班，桂林和潘飞声上课时间相同，分别教授北方普通话和粤语。[③]

关于桂林、潘飞声的工资待遇，前已提到桂林每月 350 马克，潘飞声每月 300 马克。租房费、伙食费等都要从中支出，这个工资标准在柏林生活还是有些紧张的。张德彝光绪十三年（1887）十月二十三日在《五述奇》中记载道：

---

① 李雪涛《一本汉语教科书反映的近代中德关系——薛蕿、康慕义〈新式中文书面语入门练习册〉初探》，澳门特别行政区政府文化局《文化杂志》中文版第 92 期，第 42 页。

② 阿恩德授课和教科书使用的例句选自威妥玛和穆麟德的教材，以及两种日语教材，其中一种是桂林推荐给阿恩德的。(〔德〕罗梅君《阿恩德和现代汉语教学的专业化》，见胡春春，俞宙明主编《德国的“中国能力”与中国的“德国能力”》，北京：社会科学文献出版社，2019 年，第 177 页。)

③ 吴晓樵《关于南社诗人潘飞声掌教柏林——兼谈一段中德文学因缘》，《中国比较文学》2014 年第 1 期，第 92 页。

> 言定每月束脩三百马克，房屋自赁，饮食自备，每日酉刻入馆，教课一点钟。按其彼此所立之合同，内称：每月束脩马克三百元，查我国自与各国换约通商以来，华人所知而仅见之外国银钱，惟有墨西哥之多拉尔，且不知其名，而咸呼之曰圆；更不知其属墨，而称属美。迩来渐有知英有什令、法有佛朗者，然实见其物者尚少，而知德之马克者为尤少，故其分量式样罕有知者。当彼此立契之时，桂、潘二君见写若干圆，乃重在圆字，而未着意于马克二字。迨到德京，始知马克之小，悔亦晚矣。又言定在馆三年，往返路费归德；如三年内辞却，则归费自备。二君同阿到德后，阿乃言二君在某处费用若干，除车船路费外，共用若干，皆由到馆后束脩内扣还。此节于合同内并未言明，甘受其苦。由此观之，凡吾人之与洋人交涉者，可不慎欤。然入境问禁，入国问俗，苟其深悉洋务，又安能受洋人之侮哉！①

从以上资料可以看出，桂、潘二人在签署协议时，并没有注意到350马克或者300马克在德国的购买力，只注意到了“若干圆”，而没有注意到货币单位“马克”。在二人的思维中，也许把“马克”与“银圆”等值了吧。但，“每月束脩仅三百五十马克，合银不及八十两；而外邦无物不贵，每一马克，用之如

① 张德彝《五述奇》(上册)，长沙：岳麓书社，2016年，第31—32页。

一二十制钱。在此三年，虽云处处俭省，然房租食用，皆迫于无可如何，不能十分节俭。谋生于三万里外，所剩无几，亦无大趣味。桂竹君早已辞却，潘兰史现亦讲明一切而未允也”①。原先言定的一年后可每月增加50马克，但到德后两年仍未兑现。②鉴此，当东方语言学院与两位商谈延期一事时，虽德方允每月增加50马克，但考虑到，一是经济上“所剩无几”，“无多大趣味”，二是“别项亦无可令人高兴处”，二人拒绝了延期。而1890年三月初六日潘飞声给东语学堂总裁（院长）兼提调（教务长）萨大人（Karl Eduard Sachau，1845—1930）写的一封中文信函中，则是以国内有“工作安排”为由而拒绝德方延聘。信函如下：

> 径启者：本教习来柏林主东语书院将近三年。今年公立八月即为期满。前承贵提调大人有欲请本教习仍留两年之语，本教习嗣接家父来谕，谓本教习已从去年河工保举光禄寺职官，例于正月到班选缺。本教习尊父命而报国恩，不能再留于贵国。理合先此布达，伏乞贵提调转详外部，另延他人。此是实情，希为鉴谅。
>
> 公历一千八百九十年三月初六日广东教习潘飞声。③

① 张德彝《五述奇》（下册），长沙：岳麓书社，2016年，第377—378页。

② 同上，第377页。

③ 洪再新《艺术鉴赏、收藏与近代中外文化交流史——以居廉、伍德彝绘潘飞声〈独立山人图〉为例》，《故宫博物院院刊》2010年第2期，第11页。

1890年8月26日（光绪十六年七月十一日），桂、潘二人由安那火车站起程回国。张德彝等以及二人所教德国学生数人送行。面对送别的学生，潘飞声感慨良多，不禁写道：

诸生爱我最真情，相送轮车出去津。
万里云山成远别，三年讲舍亦前因。
重逢载酒知何日，回前谈经尚怆神。
握手依依留一语，莫忘异域共尊亲。①

桂林、潘飞声在阿恩德的陪同下，经法兰克福，入瑞士巴塞尔、意大利，8月31日在罗马与之前在东方语言学院教授日语的井上哲相遇，其将与桂、潘二人同乘一艘船经香港回日本。9月1日，桂林、潘飞声二人登历嘉号轮船。阿恩德就此别过。10月5日抵达香港，次日送别井上哲赴日本，潘飞声同桂林分别，10月7日登汉口轮船至黄埔。

三、桂林和潘飞声柏林汉学教学的历史意义

追寻桂林、潘飞声百年前柏林汉语教学的历史记忆，我们可以知道，他们参与了柏林东方语言学院创立后的第一批学生的培

① 潘飞声《天外归槎录》，见钟叔河，曾德明，杨云辉主编《张祖翼伦敦竹枝词等五种》，长沙：岳麓书社，2016年，第132页。

养，是东方语言学院创立的见证者。两人最大的成就是培养了一批汉语（汉学）人才。

张德彝在光绪十五年（1889）十一月二十九日记载道：乃其学则有成效者颇多，皆已起程来华，有学充翻译者，当领事者，更有在上洋开设银行充当总办者。有资料可查的，在第一批学员中，有后来成为德国著名汉学家的福兰阁和佛尔克。福兰阁在哥廷根大学学习梵文，1886 年获得博士学位，1887 年夏季开学时，到柏林大学学习了两个学期的法律课程，以便为今后做外交官打下基础。其间，在东方语言学院学习中文。1888 年 7 月 6 日，被任命为驻华公使馆的翻译候选人。1888 年 7 月 31 日离开柏林，9 月 23 日抵达北京德国公使馆。[①] 从此，福兰阁开启了在中国长达 13 年（1888—1901）的外交生涯，先后在北京、天津、上海的德国公使馆、领事馆工作。1903 年至 1907 年在清政府驻柏林公使馆担任秘书，同时在柏林大学取得教授资格。真正使福兰阁走上汉学之路，从外交官成为汉学家的重要事件是其应聘 1909 年成立的汉堡殖民学院的教授。1923 年，福兰阁由汉堡大学（殖民学院）转至柏林大学做汉学教授，达到其汉学事业的顶峰。福兰阁发表文章和著作 200 多种，最负盛名的是五卷本的《中国通史》，被誉为德国汉学界“元老”[②]。福兰阁虽然在东方语言学院的时间仅为

① 〔德〕福兰阁著，欧阳甦译《两个世界的回忆：个人生命的旁白》，北京：社会科学文献出版社，2014 年，第 40—47 页。

② 张国刚《德国的汉学研究》，北京：中华书局，1994 年，第 50—51 页。

一年左右，但这在其生涯中却是非常重要的一部分，也可以说是其日后成为汉学家的起点。东方语言学院学习期间，中国语言教师对他的帮助，多年后他仍记忆犹新。福兰阁在自传中谈到东方语言学院学习汉语情景时说道："在语言和国情课程中，尤其因为得到一位北京人的支持而很有益处。"[①] 这个北京人显然就是桂林。

佛尔克中学毕业后，先后在日内瓦大学和柏林大学学习法律，1890 年取得法学博士学位。其间，他同时在东方语言学院学习中文，获得外交官的资格。1890 年，他作为领事官员被派往北京，与福兰阁一样，佛尔克作为外交官在华工作 13 年（1890—1903），回国后接替去世的老师阿恩德，担任东方语言学院的教授。第一次世界大战期间，在美国伯克利大学任中文教授。1923 年至 1935 年，担任汉堡大学汉学教授。代表性学术成就是三卷本的《中国哲学史》和翻译的王充的《论衡》。[②]

在某种意义上，就汉语教学而言，桂林的作用似乎更大些，一是他教授的课程是北方普通话，学习普通话的人要比学习粤语的多，据张德彝记载，学习粤语的只有 3 人。从付给两人的薪酬

①〔德〕福兰阁著，欧阳甦译《两个世界的回忆：个人生命的旁白》，北京：社会科学文献出版社，2014 年，第 37 页。

②〔德〕艾默力著，曹娟译《"我总觉得自己一再被那些独特而自由的思想所吸引"——佛尔克评传》，见〔德〕马汉茂，汉雅娜，〔中〕张西平，李雪涛主编《德国汉学：历史、发展、人物与视角》，郑州：大象出版社，2005 年，第 391 页。

而言，桂林比潘飞声每月多出 50 马克，由此可见德方更看重桂林一些。

潘飞声留在历史记忆中的更多的是作为中国学者的形象，而桂林则在德国汉学家的著述中有所记载，除福兰阁在自传中谈到桂林外，阿恩德 1891 年出版的东方语言学院汉语教材《中国北方口语手册：汉语语言学校引论》中也提到了桂林。东方语言学院的学员，后成为自然主义作家的奥托·尤利乌斯·比尔鲍姆（Otto Julius Bierbaum，1865—1910）在 1907 年发表的回忆文章《在镜子里》也提到中文教师桂林；他译改的李白《静夜思》曾寄赠给桂林。①

桂林、潘飞声同为汉语国际教育的先驱者，均应该书写在出国汉语教师的历史之中。

由于潘飞声是南社诗人，留下了很多文学作品，受到了学界更多的关注，桂林则被忽视或轻描淡写。即使学界关注潘飞声，也基本上是关注于其文学，特别是诗词方面，作为南社诗人来研究，而不是作为汉语教师，忽视了其在柏林汉语教学的经历。林传滨在《潘飞声年谱》中认为，研究潘飞声有三个重要意义：一是在开拓词体题材和境界方面，特别举例其在德国柏林创作的描写西方事物的《海山词》，是此题材较早的海外作品，在具体创作上具有鲜明的“古风含新意”“旧文体装新内容”的特点和鲜明的时代特征；二是在地

① 吴晓樵《关于南社诗人潘飞声掌教柏林——兼谈一段中德文学因缘》，《中国比较文学》2014 年第 1 期，第 93—95 页。

域词学构建方面，潘飞声的诗作构成具有内在联系的岭南词文献和论述整体，同时具有文学史意义；三是在词社群体活动方面，潘飞声晚年在上海加入过许多诗社，从潘飞声入手可研究当时的诗社群体情况。毛庆耆《潘飞声小传》也是作为近代文学研究，只是提及潘飞声受聘赴德任教一事，第一部分是写其生平，第二部分是写交游，所关注也是其诗、书、画之交，第三部分写的是潘飞声的著作，主要是诗、词、文。郭文仪《清末文人西方书写策略及其地域特征——以袁祖志与潘飞声的海外行旅书写为中心》所关注的是潘飞声在柏林创作的词集《海山词》。涉及潘飞声、桂林德国汉语教学之内容较多的吴晓樵《关于南社诗人潘飞声掌教柏林——兼谈一段中德文学因缘》、洪再新《艺术鉴赏、收藏与近代中外文化交流史——以居廉、伍德彝绘潘飞声〈独立山人图〉为例》也是侧重于文学交流、文化交流，汉语教学并不是他们研究的主要内容。从这些论文的题目可以看出，其主角是潘飞声，而忽略了桂林。实际上，潘飞声、桂林赴德教授汉语是一个历史事件。他们同去、同生活、同工作、同归来，两人结下深厚友谊，潘飞声云："余与长白桂竹君秋曹（桂林）于役海外三年，日则对食，夜则联床，忧患相关，视同手足。"[①]乘船到香港分别时，两人互赠诗词。

潘飞声赠桂林：

① 毛庆耆《潘飞声小传》,《文教资料》1999 年第 5 期，第 75 页。

别竹君

迟回港上路，却是为君留。
此地难为别，馀生息百忧。
我归原厚幸，君老亦何求。
挥涕一分手，心随云外舟。

桂林赠潘飞声：

次韵留别兰史

此别我何忍，飞轮不暂留。
三年同异域，一日忽离忧。
出险才相庆，馀生敢再求。
今宵两魂梦，应恋各行舟。

潘飞声与桂林同船赴柏林，同在东方语言学院任教三年，结下深厚友情。临别，“回首三年同患难，不觉泪下沾衣矣”[①]。潘飞声感叹道：“竹君与我若兄弟。”分别时二人所写的以上两首诗，充分表达了两人的依依惜别之情，潘飞声“此地难为别，馀生息百忧”，桂林“三年同异域，一日忽离忧”，潘飞声“挥涕一分手，心随云外舟”，桂林“今宵两魂梦，应恋各行舟”，则是两人当时心情的真实写照。在1887年赴柏林的船上，潘飞声曾为桂林题画：

① 潘飞声《天外归槎录》，见钟叔河，曾德明，杨云辉主编《张祖翼伦敦竹枝词等五种》，长沙：岳麓书社，2016年，第150页。

"一筇秋色落云间，布袜青鞋自往还。我欲访君图画里，陶然亭子看西山。"约定："竹君家京师，拟异日访之。"[1]可惜的是，潘飞声没能实现约定，未能赴京城看望桂林。倒是桂林于1896年去广州看望了潘飞声。在潘飞声后来出版的《在山泉诗话》中，他写道：

> 余与长白桂竹君秋曹（桂林）于役海外三年，日则对食，夜则联床，忧患相关，视同手足。三载后，又得同舟东归，虽约逾年在都相见，余以居忧愆期。然丙申竹君来羊城，留宿村居，儿女家人，均出相见，实为吾两人惬心之事。及丁酉夏，竹君别去游楚北，曾缄寄其途中诗。余屡复函，久未见答，犹日冀得其消息。迨晤张在初星使（德彝），始知竹君果死矣。竹君无子，客死异乡，实堪一恸。

四、日本友人记忆中的潘飞声和桂林

潘飞声、桂林在柏林东方语言学院任教期间，认识了许多日本文人。这些日本文人在自己的文章、摄影等作品中留下了对二人的历史记忆，使得我们能够从另一个渠道了解到1887年有两位中国人到柏林东方语言学院教授汉语的情形。

---

① 潘飞声《天外归槎录》，见钟叔河，曾德明，杨云辉主编《张祖翼伦敦竹枝词等五种》，长沙：岳麓书社，2016年，第107页。

潘飞声结识了在柏林留学的日本作家森欧外（1862—1922），其在留学期间写的《队务日记》专门记载了与潘飞声、桂林相识一事。除此之外，潘飞声与所结识的在柏林留学的日本词人金井秋苹（1864—1905）多有酬唱。[①] 与潘飞声关系比较密切的是后来成为日本哲学家的井上哲次郎（1858—1944）。潘飞声、桂林在柏林东方语言学院任教时，井上哲也在该学院教授日语。张德彝在《五述奇》中在谈到东方语言学院教授八国语言时，曾记载道，其中教习，有各本国者，也有德人代教者。日本者为井上哲次郎与德人蓝那。[②] 在《五述奇》中，还记载了潘飞声、桂林、张德彝与井上哲次郎等3位日本人，以及印度等国家的人一起召开东亚洲会一事。会上，潘飞声“诵所著叙文一篇”，井上哲等各陈数语，张德彝、桂林以及陶榘林、姚子樑“亦各有所陈”[③]。值得一提的是，井上哲结束东方语言学院的教学工作后，与潘飞声、桂林同乘一条船返国，至香港互赠诗词告别。

潘飞声赠井上哲：

别君迪

柏林曾惜别，何幸共归船。

岛屿开生面，云萍续胜缘。

---

① 吴晓樵《关于南社诗人潘飞声掌教柏林——兼谈一段中德文学因缘》，《中国比较文学》2014年第1期，第97页。

② 张德彝《五述奇》（下册），长沙：岳麓书社，2016年，第464页。

③ 同上，第339—341页。

行行将故国，草草复离筵。
且尽杯中酒，相思满海天。

井上哲赠潘飞声：

次韵留别兰史
家国看君近，东征我刺船。
同归还惜别，重见岂无缘。
指点神山路，期开东海筵。
烟中片帆举，黯黯暮秋天。

潘飞声谈到与井上哲的情谊时写道："君迪交谊笃同洲。"临别时两人诗词中的"惜别""相思"等词语所表达的两人的情感溢于言表。1889年，井上哲在柏林为潘飞声《西海纪行卷》题序，在日文版的《井上哲次郎自传》中，有一张摄于1888年的柏林东语学堂讲师同人合影，其中就有潘飞声、桂林（《井上哲次郎自传》，东京：富山房，1972年）[①]，可谓是珍贵的历史记忆。正如周振鹤先生所言："靠着他（井上哲）的回忆录，我们才有机会知道晚清两个任教于德国的中国教师的简单经历。"[②]

① 洪再新《艺术鉴赏、收藏与近代中外文化交流史——以居廉、伍德彝绘潘飞声〈独立山人图〉为例》，《故宫博物院院刊》2010年第2期，第16页。

② 周振鹤《晚清去德国的中文教师》，《知者不言》，北京：生活·读书·新知三联书店，2008年，第23页。

第六章

末代探花商衍鎏的德国汉语教学

2014年7月，欧阳甦翻译的德国著名汉学家福兰阁的自传《两个世界的回忆：个人生命的旁白》由社会科学文献出版社出版。书中一个中国人的名字引起了我们的关注，也使我们记起历史上曾经有这么一个人在德国从事过汉语教学，曾经有这么一个人对德国专业汉学的建立做出过贡献。这个人便是福兰阁在创立汉堡殖民学院中文系时，被福兰阁称之为“杰出助手”的商衍鎏。

一、商衍鎏与德国的相遇

实际上，在中国历史上也有商衍鎏的一席之位，他是中国最后一次科举的探花，也就是末代探花，至少在中国的科举史上是有其名的。商衍鎏，字藻亭，号又章、冕臣。同治十三年十二月初四日（1875年1月11日）出生，广东番禺人。1904年参加甲辰恩科会试，中一甲第三名，成为清朝最后一位探花。1906年被选派至日本东京法政大学留学。曾任翰林院编修、侍讲衔撰文、国史馆协修、实录馆总校官等职。1911 年，清廷被推翻，作为前朝遗老的商衍鎏与一大批人（如徐世昌、辜鸿铭、刘延琛等）去了当时被德国殖民统治的青岛。[①] 正是在青岛，商衍鎏结识了一些德国人，造就了商衍鎏去德国任教的机会。1908 年德国汉堡殖民学院成立，1909 年福兰阁受聘担任殖民学院汉学系（1914 年改为中国语言与文化系）首任教授，正式开启了德国专业汉学的历史。[②]1910 年 1 月福兰阁正式开始其汉学教授的工作。按照殖民学院的规定，中国语言与文化系可设一名德国助教和一名中国助教。中国助教在中国招聘，这样的历史机缘便与正在青岛的商衍鎏相遇。对此，商衍鎏之子商承祚写道：

> 1912 年德国汉堡大学派员来华为该校东亚系招聘汉文教师，我父鉴于当时国内军阀混战，局势很乱，决定应聘出国，并携长兄承祖、二堂兄承谦去读中学。与该校签订四年的合同，年薪六千马克，旅费一千二百马克（当时一马克不到五角大洋）。是年五月乘火车取道俄国转达汉堡，行程半月（如有青岛乘船则需六个星期）。[③]

---

① 柏桦《商衍鎏与德国汉学》，《现代中国文化与文学》2005 年第 2 期，第 186 页。

② 谭渊《百年汉学与中国形象——纪念德国专业汉学建立一百周年（1909—2009）》，《德国研究》2009 年第 4 期，第 69 页。

③ 商承祚《我父商衍鎏先生传略》，见商衍鎏著，商志譚校注《清代科举考试述录及有关著作》，天津：百花文艺出版社，2004 年，第 5 页。

那是谁推荐的商衍鎏呢？这便与商衍鎏在青岛认识的德国人有关了。据福兰阁之子、德国汉学家、曾担任汉堡大学汉学系主任20多年之久的傅吾康所言，商衍鎏是由卫礼贤推荐给福兰阁的。

> 第一位中国助教，是1912年我父亲在卫礼贤的推荐下聘用的优秀的中国学者商衍鎏先生，与教授相比，他的薪水并没有低太多。商衍鎏是来自中国广东的正八旗的汉人，是“探花”，也就是1904年京城最后一次科举考试的第三名，因1911年的革命而失去了官职，以后生活在青岛的德国人社区里。①

傅吾康所提到的卫礼贤是德国传教士，后来成为著名的汉学家。卫礼贤（Richard Wilhelm，1873—1930），1899年5月由德国同善会派到青岛传教。1900年在青岛创办“德华神学校”，1901年建立独立校舍后改名为“礼贤书院”。在办学的同时，卫礼贤热心于汉语学习和汉学研究，1902年在上海出版的德文杂志《远东》上发表了其翻译的《三字经》，其后又翻译发表了《诗经》（1904年），《大学》和《论语》（1905年），《三国演义》（1906年），《聊斋》和《吕氏春秋》（1910年）。1910年，《论语》全文由迪德里希斯出版社（Diederichs Verlag）出

---

①［德］傅吾康著，欧阳甦译《为中国着迷：一位汉学家的自传》，北京：社会科学文献出版社，2013年，第198页。

版。1902年编写了《德汉练习教科书》，之后陆续编写了《德汉教科书：汉语课文》（1903年），《德汉教科书：词汇、语法和汉语课文改写》（1904年），《德汉教程》（1904年），《按笔画排列的最常用汉字及其注音和翻译》（1909年）。1911年出版了《论语》的修订版和《老子》，1912年翻译出版了《列子》和《庄子》。[①]1911年辛亥革命爆发，很多清朝官员逃到青岛避难，热爱中国文化的卫礼贤视他们为宝贵资源，热情与他们交往[②]，结识了许多满腹经纶的儒生。其中，便有商衍鎏的兄长商衍瀛。商衍瀛（1869—1960），字云亭，1903年中进士入翰林，任翰林院编修。商衍瀛参加了卫礼贤组织的尊孔文社，在卫礼贤翻译中国古代历史文献中发挥了一定的作用。[③]在青岛，商衍鎏与商衍瀛是住在一起的。卫礼贤在青岛的交往圈子里应该有商衍鎏和商衍瀛。另外，福兰阁本人与青岛也有千丝万缕的联系，1908年，福兰阁曾就建立华德青岛特别高等专门学堂到过青岛，与相关人员商谈建校事宜。商衍瀛在青岛时曾任华德青岛特别高等专门学堂的中文总教习。[④]同样作为研究中国的学者，福兰阁和卫礼贤应该相互认识。当汉堡殖民学院招聘一位中国人作为汉语教师的时候，作为末代探花的商衍鎏，卫礼贤

① 蒋锐《卫礼贤的汉学生涯》，《德国研究》2004年第1期，第53—54页。

② 吴钧《从传教士到汉学家——论中学西传的开拓者卫礼贤》，《西北师范大学学报（社会科学版）》2013年第2期，第53页。

③ 鲁勇《逊清遗老的青岛时光》，青岛：青岛出版社，2006年，第149页。

④ 翟广顺《青岛特别高等专门学堂的创建及其影响》，《青岛职业技术学院学报》2011年第5期，第80页。

推荐其到德国任教便成为可能。

是谁推荐了商衍鎏不重要，重要的是为什么推荐商衍鎏。我们分析可能有以下原因：一是商衍鎏是清朝末代探花，熟读四书、五经等经典，具有扎实的中国语言文化功底，这应该符合汉堡殖民学院对这一职位的要求，也符合福兰阁对助手的要求，也就是傅吾康所说的“优秀的中国学者”。也正如福兰阁所言，商衍鎏具有丰富的经院知识，这些知识对其非常重要[①]，因此商衍鎏应该是其理想的人选。汉堡殖民学院设立的汉学教席，是德国第一个正式设立的汉学教席，标志着德国专业汉学的开端，其对汉学教席人选的要求非常高，既要“完全了解掌握文言文和现代中文”，又要能“将历史研究与活生生地理解当代的进程结合起来”[②]。汉学系也不仅仅是教授汉语，而是汉语与中国文化两者都要教。作为福兰阁的助教，不仅仅承担汉语语言助教的角色，也要承担在中国文化教学与研究中助理的角色，那么，商衍鎏作为清朝科举的探花，无疑是符合这些条件的。

二是商衍鎏曾留学日本东京法政大学，接受过现代教育，具有较宽广的国际视野和新的知识。虽然德国的文化与日本不同，但在商衍鎏日本留学的年代，日本的教育应该是西方式的，所以商衍鎏在日本留学期间，接受的教育也应该是西方的教育。这

①〔德〕福兰阁著，欧阳甦译《两个世界的回忆：个人生命的旁白》，北京：社会科学文献出版社，2014 年，第 160 页。

②〔德〕傅吾康著，欧阳甦译《为中国着迷：一位汉学家的自传》，北京：社会科学文献出版社，2013 年，第 195 页。

样，商衍鎏对西方文化也是有一定了解的，到德国后，就能比较容易适应。

二、商衍鎏的汉堡汉语教学

招聘商衍鎏的德国汉堡殖民学院是个什么样的机构呢？我们从学院的名称可以看出，汉堡殖民学院是为德国海外殖民地培养人才的，是服务于德国海外殖民统治的。汉堡殖民学院的宗旨是建成汉堡的科学机构和学术殿堂，其目的是为官员或其他愿意到德国海外殖民地工作的德国人提供预备教育。当时殖民学院教授委员会的报告清楚地说明了设立汉学教席的基本原则，明确指出了设立汉学教席的目的、任务、人选要求等：

可以假定，大家普遍清楚东亚在世界政治中成为日益重要的因素；在政治经济领域中，去了解那些推动远东古老文化发展的力量也被证明越来越重要。中国——整个东亚文化的摇篮——当代的中国研究不再是与世隔绝的语文学范畴。学习了解东亚的政治和社会发展是当代的重大任务之一，它只能通过深入东亚民族的精神生活、宗教、习俗、政治、哲学观才能实现。研究那些能够体现当代中国人精神生活的古代文献，可以迈向这条道路。这些文献对于考察亚洲其他地区的历史和文化同

> 样具有重大意义。当前汉学研究涉及超越自身的语言和文字的困难，运用欧洲的研究方法深入地、批判地探讨文化和历史……因此，教授的任务不仅仅是提供中国语言课程，尤其要力图探讨东亚的文学与历史。系聘用的教授，除了应该完全掌握文言文和现代中文——这是理所当然的前提——重点应该将历史研究与活生生地理解当代的发展进程结合起来。①

从以上可以看出，汉学系的教授既要“提供中国语言课程”，更要“探讨东亚的文学与历史”，明确了教授教席的任务；“完全掌握文言文和现代中文”“将历史研究与活生生地理解当代的发展进程结合起来”，明确了汉学教授教席人选的要求。以上观点被傅吾康称之为设立汉学教席、汉堡汉学研究的基本思想，并成为日后汉堡汉学的传统。②

---

①〔德〕傅吾康著，欧阳甦译《为中国着迷：一位汉学家的自传》，北京：社会科学文献出版社，2013 年，第 195 页。

② 傅吾康在其自传中写道：基于上面所引述的基本原则（指殖民学院教授委员会报告），从开始起，汉堡的汉学研究就有明确的基本思想，并且发展成为全体教授都遵守的固定传统。（同上，第 196 页。）2009 年 9 月 21 日，中国外交官和全球汉学学者齐聚一堂，庆祝汉堡大学汉学系——这个德国最古老的汉学系百年华诞。汉学系教授凯·福格尔桑在接受新华社记者采访时说：“汉堡大学汉学系是德国历史最悠久的汉学系。成立时，汉学系只有两名学生、一名教授。此后，汉学系发展得很快，如今已经拥有近两百名学生。虽然变化很多，但汉学系一直保持着一个传统，那就是把中国传统文化和现在情况结合起来。”（[EB/OL]http：//www.scio.gov.cn/hzjl/hdjj/wz/Document/419258/419258.htm）

当时，德国殖民统治主要在非洲和中国，所以殖民学院设立时，设置了一个非洲语言学系和一个东亚系教授教席，中国语言与文化系最初作为东亚学系而存在。①1909 年 6 月，汉堡高级教育局的一位委员找到福兰阁，聘请其出任汉堡殖民学院的正式汉学教授职位。经过考虑后，福兰阁决定接受聘请，并提出 1910 年夏季才能赴任，但汉堡方面需求紧迫，福兰阁 1910 年 1 月 1 日便正式出任该职位②，开始了长达 13 年的汉堡大学汉学教授的学术生涯。

殖民学院成立时，汉学系除了教授兼系主任这一教席外，还设有一名德国助教和一名中国助教，第一位德国助教是颜复礼，第一位中国助教便是商衍鎏。作为第一位担任汉学系中文助教的商衍鎏，可以说对汉堡大学汉学系的建立与发展做出了重要贡献。

商衍鎏的第一个贡献是帮助福兰阁筹建汉学系。福兰阁 1910 年 1 月出任汉堡殖民学院汉学系教席教授，负责筹建汉学系。福兰阁将自己的教学领域命名为“中国语言与文化”，标志着他在语言和文化两个方面都要发展。1912 年汉学系仍处于筹建或者说是建设初期阶段，具有扎实汉语知识和深厚

---

① 1914 年，日本语言与文学系设立相应教席并分离出去。两个教席划归到 1919 年成立的汉堡大学哲学学院。（〔德〕傅吾康著，欧阳甦译《为中国着迷：一位汉学家的自传》，北京：社会科学文献出版社，2013 年，第 195 页。）

②〔德〕福兰阁著，欧阳甦译《两个世界的回忆：个人生命的旁白》，北京：社会科学文献出版社，2014 年，第 138—139 页。

中华文化底蕴的商衍鎏发挥了重要作用。对此，福兰阁在回忆录中写道："商衍鎏在北京参加了国家的最高考试（进士），是一位知识极为丰富又最可信赖的中国帮手，他为我提供了史无前例的帮助。"① 商衍鎏之子商承祚在其《我父商衍鎏先生传略》一文中，也提到商衍鎏"为该校筹建中国语言和文化系"。

商衍鎏的第二个贡献是参与筹建汉堡大学汉学图书馆。汉堡大学图书馆是德国大学建立的第一个汉学专业图书馆。之后柏林大学（自 1912）、莱比锡大学（自 1922）、法兰克福大学（自 1925）、伯恩大学（自 1927）陆续建立汉学专业图书馆。二战使汉学图书馆受到损坏，只有汉堡、伯恩的保存完好。② 根据福兰阁的申请，汉堡市议会批准了 2 万马克的经费，用于从中国购买中文图书。③ 商衍鎏编制采购书单，并帮助从中国订购。不仅代为购书，商衍鎏还参与了图书馆的具体建设，在汉学系图书馆里，至今仍可看到商衍鎏当年缮写的卡片。所采购的图书中有一些是非常有价值的，如大版本的《古今图书集成》《永乐

①〔德〕福兰阁著，欧阳甦译《两个世界的回忆：个人生命的旁白》，北京：社会科学文献出版社，2014 年，第 159 页。

②〔德〕鲁毕直著，胡梵译，罗莹校《从两大图书馆，到各个汉学系图书馆，再到"虚拟图书馆"》，见〔德〕马汉茂，汉雅娜，〔中〕张西平，李雪涛主编《德国汉学：历史、发展、人物与视角》，郑州：大象出版社，2005 年，第 575 页，第 577 页。

③〔德〕福兰阁著，欧阳甦译《两个世界的回忆：个人生命的旁白》，北京：社会科学文献出版社，2014 年，第 141 页。

大典》等[①]，在第一次世界大战前购买的这批图书，成为奠定汉堡大学汉语系基础的里程碑。[②]

商衍鎏的第三个贡献是帮助福兰阁开展学术研究。在汉堡时期，福兰阁对宋代作品《耕织图诗》进行翻译和注释，商衍鎏提供了许多帮助。福兰阁的研究成果发表在《汉堡殖民学院学报》上。[③]福兰阁在其回忆录中写道：

> 他本人对自己拥有的丰富的经院知识评价并不过高，但这些知识对我却常常具有重要的作用。除此之外，商衍鎏的接受能力非凡，全身心地致力于学术研究，因而对于出现的每个新问题，很快就能发现有价值的材料。他一再肯定地对我说，欧洲汉学家比中国文人更懂得利用中文原始资料。我在研讨班里讨论781年西安府著名的景教碑文，此时他表现出最强烈的兴趣并承

① 由商衍鎏与福兰阁从中国购买的《永乐大典》卷975—976、卷10483—10484两册辗转美国国会图书馆，与抗战时期移藏美国国会图书馆的国立北平图书馆善本一起于1965年运到台湾，归台湾汉学研究中心代管，寄存在台北“故宫博物院”。（张升《德国汉堡大学所藏两册〈永乐大典〉的流传》，《国家图书馆学刊》2012年第6期，第103—105页。）叶隽在《“典籍旅行”与“知识侨易”——两册〈永乐大典〉迁移史表现出的中德学者交谊及其学术兴趣》一文中也对以上《永乐大典》的流转进行了论述。（见《国际汉学》2016年第2期，第157—162页。）

② 商承祚《我父商衍鎏先生传略》，见商衍鎏著，商志醰校注《清代科举考试述录及有关著作》，天津：百花文艺出版社，2004年，第5页。

③ 柏桦《商衍鎏与德国汉学》，《现代中国文化与文学》2005年第2期，第187页。

认，他和同仁还不知道有这么重要的东西。①

商衍鎏的工作得到了汉堡殖民学院方面的肯定。1916年秋，四年合同期满，汉堡殖民学院要与商衍鎏续签合同，商衍鎏考虑到当时的形势、中德关系、战时生活困难等因素，另外还有对家人的思念等，没有续约。众所周知，1914年7月爆发了以德国为首的同盟国与英法为首的协约国之间的第一次世界大战。战争爆发后，北洋政府宣布对欧洲战事局外中立，但1915年北洋政府以输出劳工的变相形式卷入了一战，遭到德国政府的抗议②，中德关系处于紧张状态，给在德中国人的生存带来不利影响。在德国的中国留学生等纷纷回国，以避危险。时任驻德大使的颜惠庆在自传中说："欧战发动后，我国留德学生，纷纷返国。继续留彼，殊属不智。其余旅德国人，亦多他去。除使馆职员外，为数已极少。战事延长，生活情形，日趋艰苦。一切日用什物，均受管制。"③所以，1916年商衍鎏选择期满回国，乃是当时在德中国人的普遍选择。由于战争影响，交通不便，商衍鎏一行辗转丹麦、瑞典、芬兰及俄国回到国内。④

---

①［德］福兰阁著，欧阳甦译《两个世界的回忆：个人生命的旁白》，北京：社会科学文献出版社，2014年，第160页。

② 王健，陈先春《试析一战时中德关系的演变》，《史林》1993年第1期，第67—68页。

③ 颜惠庆著，姚崧龄译《颜惠庆自传》，北京：中华书局，2015年，第136页。

④ 商承祚《我父商衍鎏先生传略》，见商衍鎏著，商志馥校注《清代科举考试述录及有关著作》，天津：百花文艺出版社，2014年，第6页。

三、商衍鎏德国汉语教学的历史意义及启示

商衍鎏汉堡殖民学院的汉语教学，应该说具有重要的历史意义。虽然在他之前有潘飞声、桂林的柏林东方语言学院汉语教学之先例，但东方语言学院并不被认为是德国专业汉学机构，而只是一种语言培训机构。1909 年汉堡殖民学院设立了德国首个汉学教授教席，标志着德国专业汉学的开端。商衍鎏德国汉语教学的历史意义就在于，在德国专业汉学建立的初始阶段，作为一位中国学者参与其中，发挥了自己应有的作用。当谈到德国专业汉学发展历史的时候，人们就会提到汉堡大学（或者说其前身汉堡殖民学院），就会提到福兰阁，那么也会想到当时有一位叫商衍鎏的中国学者参与了德国专业汉学的创立。也许有人说，人们只会想到福兰阁，而想不到商衍鎏，但如果人们看到至今仍保存在汉堡大学中国语言与文化系图书馆商衍鎏当年缮写的卡片，人们自然会记起商衍鎏——一位存在于德国专业汉学发展历史中的人物。

除去汉学图书馆商衍鎏缮写的卡片，我们还应该记起商衍鎏为做好工作积极融入当地社会所做的努力。1912 年的商衍鎏已年近40岁，但他“课余坚持学习德文，熟悉德国各方面情况”[①]，展现了其积极的心态和融入当地社会的意识。

---

① 商承祚《我父商衍鎏先生传略》，见商衍鎏著，商志䫆校注《清代科举考试述录及有关著作》，天津：百花文艺出版社，2014 年，第 5 页。

我们还应该记起商衍鎏与德国同事的良好合作关系。从福兰阁对商衍鎏的评价中，我们可以看出，福兰阁与商衍鎏的关系是融洽的、愉快的。福兰阁之子傅吾康在自传中写道："中国客人常来我家，其中有商衍鎏先生，这是一位老派的中国著名学者，我父亲争取到与他合作组建中国语言与文化系。"① 常到福兰阁家中做客，从另一个方面说明了商衍鎏与福兰阁的关系是融洽的。

我们还应该记起商衍鎏接受新事物的意识和改变。商衍鎏在中国所经受的是"经院式"的教育，学的是四书五经之类的经典，接受的是应对科举考试方面的训练，虽在日本留学期间学习过现代科学知识，但其所受的传统的训练和形成的传统思维是根深蒂固的。商衍鎏在汉堡任教期间，能够摒弃传统思维，接受新的思维和研究方法，正如福兰阁所言："商衍鎏的接受能力非凡，全身心地致力于学术研究，因而对于出现的每个新问题，很快就能发现有价值的材料。"商衍鎏接受新事物的意识为其与德国同事合作共事创造了良好的条件，体现了一个学者良好的职业素养。

我们还应该记起商衍鎏在汉堡任教期间所展现出的工作精神与品德。商衍鎏的身份虽为中文助教，但他积极参与到图书馆建设、开设讲座，"全身心地致力于学术研究"，展现出了中国学者认真工作的精神和品德，从而受到了德国同事的认可，被福兰阁称为"从中国争取到的杰出助手"。

①〔德〕傅吾康著，欧阳甦译《为中国着迷：一位汉学家的自传》，北京：社会科学文献出版社，2013 年，第 6 页。

关于商衍鎏的德国汉语教学，我们应该记起的有很多很多，我们需从其中去总结的启示也很多很多。无论如何，我们应记起的是：商衍鎏不仅仅是中国科举历史上的“末代探花”，还是一位在汉语国际传播历史上做出贡献的一位优秀的出国汉语教师！

第七章

1945 年前的留德学人汉语教师群体

1876 年清朝政府派出 7 人赴德国学习军事，成为中国人留学德国的开端。之后，德国成为中国人的重要留学目的国。1945 年前留德学人中涌现出了诸如周恩来、朱德、陈寅恪、季羡林、蔡元培等大批著名的政治家、军事家及学者，对中国的社会发展及思想文化变革，发挥了积极影响，做出了重大贡献。然而，留德学人对德国汉语教学发展所做出的贡献却没有引起人们足够的重视。在汉语国际教育蓬勃发展的今天，我们有必要对此进行深入研究。汉语国际教育史上应该有他们的一席之地。正如德国学者托马斯 · 哈尼师（Thomas Harnisch）所言："尽管现在只可以找到很少有关中国学生任教方面的书面记载，但是，他们在传授现代汉语方面对德国汉学研究所做出的贡献，是必须要肯定的。"①

①〔德〕托马斯 · 哈尼师著，刘梅译《汉学的疏误？——1945 年以前中国留学生对汉学的贡献和推动》，见〔德〕马汉茂，汉雅娜，〔中〕张西平，李雪涛主编《德国汉学：历史、发展、人物与视角》，郑州：大象出版社，2005 年，第 150 页。

一、1945年前担任汉语教师的留德学人

1898年至1945年，在德国高校注册的中国学生近两千人。大部分学习的是医学或科技类的专业，他们留学的目的是学习对个人事业发展和国家发展有用的知识，而不是到德国研究中国。所以，对德国汉学做出贡献的只是一小部分人。中国留德学人对德国汉学的贡献主要在四个方面：语言的教授、汉学领域的研究、其他与中国相关专业的研究以及有关中国的介绍。[①]本文所关注的是在德国大学教授汉语的留德学人的情况以及为德国汉语教学做出的贡献。

历史上，德国大学相当一部分汉语教学的工作由中国留学生承担。托马斯·哈尼师在《汉学的疏误？——1945年以前中国留学生对汉学的贡献和推动》一文中指出，可以查到姓名的当过教师的中国学生总共23人。他在文中列出的有：1898年第一个在德国柏林大学注册的薛葠（文中没译出中文名字，只是按外文列出Hsueh Shen，也称Karl Hsueh），波恩大学的陆懿（Lu Yi，文中翻译为陆诒）、熊伟、王光祈、王澄如（文中标为Wang Chengru），汉堡大学的商承祖（文中为商承祚，其实为商承祖）、

①〔德〕托马斯·哈尼师著，刘梅译《汉学的疏误？——1945年以前中国留学生对汉学的贡献和推动》，见〔德〕马汉茂，汉雅娜，〔中〕张西平，李雪涛主编《德国汉学：历史、发展、人物与视角》，郑州：大象出版社，2005年，第149—150页。

哥廷根大学的季羡林。[①]通过其他材料得知，留德学人在德国大学教授汉语的还有：在汉堡大学任教的邱长康、张禾瑞，在莱比锡大学任教的万灿等。

（一）柏林大学东方语言学院：薛蕴

1871年德国统一，对华贸易加强，同时，德国加入西方列强之中对中国进行掠夺。出于政治和经贸的利益，迫切需要懂得中文特别是口语的人才，以服务其对外扩张的战略。于是德国于1887年10月27日成立了柏林大学东方语言学院，以培养掌握汉语以及其他东方语言的人才。基于实际需要，东方语言学院注重学生汉语实际应用能力的培养。为此，成立的时候，就从中国聘请了桂林、潘飞声来校任教，分别教授中国官话和粤语。1887年至1912年，约有480人在东方语言学院学习汉语。[②]东方语言学院的汉语培训性质决定了学员汉语听说训练的重要性，中国人无疑是语言教师的最好选择。继桂林、潘飞声之后，东方语言学院继续聘请中国人担任语言教师，薛蕴便是其中的一位。

薛蕴，广西人，生于1853年9月22日。从1890年起在柏林大学东方语言学院教授汉语。1898年注册柏林大学法学院，是

---

①〔德〕托马斯·哈尼师著，刘梅译《汉学的疏误？——1945年以前中国留学生对汉学的贡献和推动》，见〔德〕马汉茂，汉雅娜，〔中〕张西平，李雪涛主编《德国汉学：历史、发展、人物与视角》，郑州：大象出版社，2005年，第150—153页。

② 张国刚《德国的汉学研究》，北京：中华书局，1994年，第30—31页。

中国留德法学第一人，也是中国留学柏林大学第一人。虽然如此，薛葭在柏林大学的主要身份还是汉语教师，他在法学院仅仅学习了三个学期，之后便专门从事汉语教学工作[①]，直至 1920 年回国。

（二）波恩大学：姚从吾、王光祈、陆懿、熊伟、王澄如

波恩大学东方学系成立于 1913 年，但从 1914 年至 1925/26 年的大学大事记中无任何有关汉学的讲座或练习课的记载，直到 1926/27 年才有可能在东方学系中设立中文专业。柏林大学候补教授汉学家施密特博士（Dr. Erich Schmitt，1893—1955）被任命为波恩大学教授。[②] 从此，波恩大学汉学系正式步入其发展的轨道。同其他德国大学的汉学系一样，波恩大学汉学系自设立以来一直聘请中国人作为中文讲师，且多为在德国的中国留学生。第一位是法律系毕业的 Li Fong Hok，李 1929/30 年回国后，接替他的是历史系毕业的 Yao Shih Ao。1931/32 年音乐家王光祈（Wang Kwangchi）来到波恩继续教中文，直至 1936 年去世。之后第四任为陆诒（陆懿，Lou Y）和在波恩大学哲学系学习的熊伟。王澄如接替熊伟。[③] 据王勇考证，Yao Shih Ao 便

---

① 杜卫华《1898—1918 年德国柏林大学中国留学生研究》，《江苏师范大学学报（哲学社会科学版）》2013 年第 4 期，第 1 页。

② 李雪涛，〔德〕司马涛《德国波恩大学汉学系历史回顾——从创立至今的汉学发展》，《世界汉学》2006 年第 4 期，第 22 页。

③ 同上，第 22—23 页。

是姚从吾。①

1. 姚从吾

姚从吾，原名士鳌，字占卿，别号从吾，河南襄城人。1894年10月7日生，1917年考入北京大学文科史学门，1920年毕业后考入北京大学文科研究所国学门研究所，1922年毕业。之后由北大选派赴德国柏林大学留学，师从傅朗克教授、海尼士教授专治蒙古史。1929年应波恩大学聘请，任汉文讲师。1931年任柏林大学汉文研究所讲师，1934年回国。回国后历任北京大学史学系、国立西南联合大学历史系教授，河南大学校长等。1949年1月，姚从吾去台湾，任台湾大学历史系教授，主讲史学方法、中国史学史、宋史、辽金元史、中西交通史等课，1970年4月15日病逝台湾，享年七十六岁。②对姚从吾在波恩大学、柏林大学任教经历的研究很少，大多只是在其简历中提及。人们好像把他对德国汉语教学以及汉学的发展所做的贡献淡忘了。但，德国学界没有将其抹去，虽没有被浓墨重写，还是有学者记得他。1932年由莱比锡大学来到柏林大学接替福兰阁教授职位的汉学家海尼士（Erich Haenisch，1880—

① 王勇《一位新文化斗士走上音乐学之路的“足迹”考析——王光祈留德生涯与西文著述研究》，上海：上海文艺音像出版社，2007年，第82页。

② 李长林《辛勤耕耘在史学教学与研究园地的姚从吾先生》，《中国史研究动态》1999年第6期，第19—22页。

1966）[①]，后来在《1889—1945年柏林大学的中国学》中说道：“1932年—1933年度蒙古史专家北京大学姚从吾教授提供了极大的帮助。”今日的柏林自由大学也将姚从吾视为学校聘任的第一位中国教授。[②]

2. 王光祈

王光祈，1892年8月15日生于四川温江（今属四川成都）。1914年到北京入中国大学学习法律。1918年7月，与李大钊等人发起组织成立“少年中国学会”，任执行部主任。1918年底，在陈独秀等人的支持下，创建“工读互助团”。1920年，赴德国留学，先学德文和政治经济学，并兼任《申报》《时事新报》和北京《晨报》的驻德特约记者。1922年改学音乐，1927年入柏林大学攻读音乐学。姚从吾离开波恩大学汉语教师职位后，王光祈接替了他。1932年9月13日波恩大学东方学院院长卡勒（Paul Kahle，1875—1964）向学校提交的聘请王光祈担任第三任汉语教师的申请书显示，将聘请王光祈11月1日接替姚从吾先生的工作。并且说明，王光祈先生是中国的柏林公使馆推荐的，施密

① 海尼士，1899年入柏林大学学习中文、满文和蒙文，1903年获得博士学位。在柏林大学东方语言学院短期工作后，赴中国武汉新军学堂任德文教师，任期七年。1913年通过汉学教授论文，1920—1925年任柏林大学汉学研究所增设的蒙古学和满文教授职位。1925年受聘莱比锡大学汉学系教授。1932年又回到柏林大学接替福兰阁任汉学研究所教授兼所长。（张国刚《德国的汉学研究》，北京：中华书局，1994年，第73页。）

② 李长林《辛勤耕耘在史学教学与研究园地的姚从吾先生》，《中国史研究动态》1999年第6期，第19页。

特教授已在柏林与王光祈进行过谈话，认为王光祈可以胜任汉语教师职位。同时，国立图书馆东方部主任 Huelle 教授与王光祈相识多年，在他那里也听到了有利于王光祈的评价。申请书特别说明王光祈的薪水将由波恩大学之友基金会提供，不用波恩大学支付。[①] 从以上可以看出，王光祈是由使馆介绍的，是可以信赖的；汉学系教授施密特与其进行了面谈，也可以说进行了业务上的考核，是可以胜任汉语教师职位的；向与王光祈熟悉的人了解了情况，对王光祈的评价是肯定的。王光祈在求职信所写的简历中也特别提到了有利于其应聘波恩大学汉语教师职位的经历，他写道：我与不少德国汉学家都有交往，例如卫礼贤教授（法兰克福）、Huelle 教授（柏林国家图书馆东方部主任）、Franke 教授（柏林）（我以前曾翻译过他撰写的《列强在东亚》一书），与 Rousselle 教授（法兰克福中国研究院院长）也有往来。除此之外，我还一直给年轻的德国汉学学生上私人课。[②]

王光祈在波恩大学具有双重身份，他在教授汉语的同时，又在波恩大学哲学系旁听了三个学期的课程，攻读博士学位。王光祈在其博士论文所写的个人简历中清楚地说明其既是汉语教师又是哲学系学生。他写道："1932 年担任波恩大学中文讲师，并在该校旁听席德迈尔教授的课程达三个学期。" 1934 年 6 月，王光祈通过考试和博士论文答辩，其博士论文的题目是"论中国古典

① 王勇《一位新文化斗士走上音乐学之路的"足迹"考析——王光祈留德生涯与西文著述研究》，上海：上海文艺音像出版社，2007 年，第 81 页。

② 同上，第 84 页。

歌剧”。1934 年 12 月获得博士学位。[①]1936 年 1 月 12 日，王光祈因病逝世，结束了在德国长达 16 年的留学及汉语教学生涯。其中，汉语教学占去了其在德国四分之一的时间，如果不是因病去世，他将会继续在汉语教师的职位上工作下去。

3. 陆懿

王光祈病逝后，陆懿接替王光祈的职位。波恩大学 1934—1936 年年鉴关于王光祈的讣告中对此有着明确的记载：中文讲师王光祈博士，于 1936 年 1 月 12 日逝世，我们感谢他在本校 3 年半的工作期间所做出的一切。从 1936 年 4 月 1 日起，来自北京的 Lou Y 先生将接替他的职务。[②]

陆懿，1910 年生于北京。毕业于北京中法大学孔德学院和上海东方大学，1931 年赴巴黎索邦大学留学，1934 年到德国弗莱堡大学学习，1935 年转到波恩大学攻读博士学位，主修汉学，副修法语和语言学。1938 年 12 月通过博士考试，博士论文为《论温飞卿和他的文学环境》。[③] 陆懿 1936 年初被波恩大学聘为中文教师，半年后转到柏林国际学院任教。[④]1938 年 7 月初，

---

① 王勇《一位新文化斗士走上音乐学之路的“足迹”考析——王光祈留德生涯与西文著述研究》，上海：上海文艺音像出版社，2007 年，第 92—95 页。

② 同上，第 80 页。

③ 黄凤祝《熊伟先生的波恩岁月》，见赵敦华编《外国哲学（第二十三辑）》，北京：商务印书馆，2012 年，第 365 页。

④〔德〕托马斯·哈尼师著，刘梅译《汉学的疏误？——1945 年以前中国留学生对汉学的贡献和推动》，见〔德〕马汉茂，汉雅娜，〔中〕张西平，李雪涛主编《德国汉学：历史、发展、人物与视角》，郑州：大象出版社，2005 年，第 151 页。

携带汉语教材《标准国语教本》手稿前往中国寻找印刷厂，印制该教材。8月末，在香港飞往汉口的途中，遭受日本轰炸机轰炸身亡。[①] 当时的新闻报道所出的遇难者名单中，就有陆懿的名字。[②]1939年陆懿的博士论文在维尔茨堡的一家出版社出版。书的扉页上有一行字："献给祖国的英雄与正义的捍卫者"。

4. 熊伟

熊伟，祖籍贵州贵阳。1933年北京大学哲学系毕业后，赴德弗莱堡大学留学。他的母亲将老家的房产典当了3000大洋供其赴德留学。而3000大洋除去路费外，只够在德两年的花销。后经其师北京大学哲学教授张颐出面帮忙，当时主持中美文化基金的胡适答应，熊伟在德国期间翻译康德的《纯粹理性批判》，基金会付给其费用。翻译完后，胡适不满意，取消了原先的决定。1935年，熊伟中断弗莱堡大学的学习回到贵阳母校教书。1937年陆懿辞去波恩大学的教职，到柏林外国语学校任职。波恩大学汉语教职出现空缺。陆懿和熊伟曾在弗莱堡大学共同学习过一年。身在贵阳的熊伟申请了这个教职。1937年4月，波恩大学东方学院的卡勒教授致信普鲁士科学教育部，请求批准熊伟接替陆懿，为期一年，每月薪资150马克。波恩大学汉语教师的职

① 何玉洁《石密德、陆懿〈标准国语教本〉研究》，上海师范大学硕士学位论文，2016年，第6页。

② 报道中陆懿被写为"柏林大学中文讲师陆懿博士"，而1939年在上海印制的德国壁恒图书公司发行的《标准国语教本》封面上标的是波恩大学中文讲师（Dr. Lou Y）。

位，解决了熊伟在德国的费用问题，使其实现了重返德国学习的愿望。1937 年冬季学期，熊伟在波恩大学正式注册，主修哲学专业，副修宗教学和汉学专业，在罗特哈克（Erich Rothacker，1888—1965）教授的指导下撰写博士论文。熊伟在波恩学习工作了一年多的时间。1938 年 10 月，陆懿获得波恩大学的哲学博士学位回国后，熊伟又接替了陆懿在柏林的教职。1939 年 9 月，熊伟在波恩大学通过论文答辩，获得哲学博士学位。①

5. 王澄如

王澄如是熊伟之后的中国语言教师，但其中文姓名多年来则有多种说法。托马斯·哈尼师在《汉学的疏误？——1945 年以前中国留学生对汉学的贡献和推动》一文中提到了王澄如，在译文中也只是以 Wang Chengru 表示，没有译出准确的汉字姓名。由于德文文献中多表示为 Wang Chêng-ju，中国学者翻译的中文姓名也不尽相同，有译为王珍如、王承如的，也有译为王成举、王晨菊的。王澄如真实的汉字姓名始见于 2007 年澳大利亚昆士兰大学张钊贻（Cheung Chiu-yee，1954—）《德国鲁迅研究见闻点滴之一》一文，文中介绍了王澄如的生平。由于张钊贻见到了王澄如博士论文的原文，在博士论文的扉页有她的简历，简历中用汉字标注了其姓名以及其父的姓名，故张钊贻使用了博士论文中

① 黄凤祝《熊伟先生的波恩岁月》，见赵敦华编《外国哲学（第二十三辑）》，北京：商务印书馆，2012 年，第 365 页。

王澄如自己标注的汉字姓名——王澄如。[①]依据王澄如在博士论文中的记载，其主要简历为：王澄如，女，1909 年 6 月 7 日生于贵阳，其父曾任贵州省某市的市长，名王厚安。王澄如曾就读于该市的女子学校；至 1932 年，王澄如在广州中山大学学习教育学和中国语言文学，并通过考试；1933/34 年，任上海国民党妇女会书记；1936 年到德国，1936/37 年冬季学期—1937/38 年冬季学期在柏林学习教育学、哲学和新闻学；1938 年夏季学期转至科隆；1938/39 年冬季学期—1939 年夏季学期就读于波恩大学。1939 年 9 月 18 日，王澄如在德国波恩大学通过博士考试，博士论文题目是“鲁迅的生平与著作：对中国革命的贡献”，导师是石密德（Erich Schmitt，1893—1955）教授。完成博士论文后，于 1940 年 1 月 1 日至 1940 年 7 月 31 日在波恩大学汉学系担任中文讲师。[②]

（三）汉堡大学：邱长康、商承祖、张禾瑞

我们从傅吾康的自传中得知，1930 年在汉堡大学留学的邱长康、商承祖在汉堡大学担任汉语教师，负责会话练习课。[③]

1. 邱长康

邱长康（1900—1960），字寿亭，福建将乐人，出生于商人

① 李雪涛《“鲁迅对中国革命的贡献”——王澄如及其以鲁迅为题的博士论文》，《现代中文学刊》2017 年第 3 期，第 29—30 页。

② 同上，第 29 页。

③〔德〕傅吾康著，欧阳甦译《为中国着迷：一位汉学家的自传》，北京：社会科学文献出版社，2013 年，第 35 页。

家庭。1919 年 8 月入北京朝阳大学预科班学习，1921 年赴德国易北林业专业学校留学,1923 年入汉堡大学哲学院人类学系学习。其间，在汉堡大学教授中国语言，后在柏林大学东方语言系任教授。1930 年，获德国汉堡大学哲学院人类学博士学位。1931 年回国后，先后在南京中央大学社会系、中央军官学校任职。新中国成立后，曾任福州新民补习学校英语教员，福州第 18 中学教务处主任兼英语、语文教员。1956 年，为福州市政协委员。1960 年 12 月病逝，享年 61 岁。①

2. 商承祖

接任邱长康的是商衍鎏的儿子商承祖（1899—1975），当时他正在汉堡大学读博士。② 商承祖 1912 年至 1916 年曾随在汉堡大学教授汉语的父亲商衍鎏在汉堡学习过 4 年，可以说是当年的小留学生。回国后，商承祖就读于北京大学新设的德国文学系。20 世纪 30 年代赴德国汉堡大学留学（1931—1933 年注册），以论文《中国“巫”史研究》获得博士学位。之后在中央大学（后更名为南京大学）教授德语。

3. 张禾瑞

张禾瑞在汉堡大学担任中国语言教师一事在傅吾康的自传

① [EB/OL]http：//ren.bytravel.cn/history/6/qiuchangkang.html

②〔德〕傅吾康著，欧阳甦译《为中国着迷：一位汉学家的自传》，北京：社会科学文献出版社，2013 年，第 35 页。

中也被提及。书中说道：20 世纪 40 年代起，担任中国语言教师的有：数学家张和瑞，后来北京师范大学的教授（经查核，应为张禾瑞）。张禾瑞（1911—1995），1935 年北京大学数学系毕业，1936 年赴德国汉堡大学数学系学习，1941 年获得博士学位。1940 年，张禾瑞在汉堡大学将要学成毕业之际，战争在欧洲大陆迅速蔓延，他与家人失去了联系，经济来源断绝。这样，他就不得不考虑在德国求职谋生。汉堡大学中国语言文学系当时正好缺一名汉语教师，由于张禾瑞能讲一口纯正的北京话，又有一定的古汉语基础，汉堡大学中文系决定聘他为讲师。1941—1946 年，张禾瑞任德国汉堡大学中国语言文学系讲师。①

（四）莱比锡大学：万灿

莱比锡大学汉学系建于 1878 年。汉学系与日本学系同属于该校“历史、文化及东方学院”的“东方研究所”。汉学系建立的标志性事件是 1878 年 7 月甲柏连孜（Georg von der Gabelentz）被授予东亚语言学编外教授。甲柏连孜按照语言学和考据学建立了汉学系的学科体系。1889 年甲柏连孜离开莱比锡大学到普鲁士科学院。1892 年，孔好古（August Conrady，1864—1926）担任莱比锡大学印度语及藏语编外讲师，1897 年任编外教授。在其执教期间，自 1911 年起形成了德国汉学“莱比锡学派”。林语堂在 1922—1923 年曾在其指导下完成博士论文，瑞典著名汉学家高本汉等人都是其门生。1925 年，任教于

① [EB/OL]http://pkunews.pku.edu.cn/bdrw/137-110240.htm

柏林大学的汉学家、蒙古语文学家海尼士到莱比锡大学接任东亚专业教授。海尼士对教授现代汉语特别感兴趣，对语言课程进行了改革，增加了会话课、写作课和阅读课。他推荐中国留学生万灿于1926年至1928年在东亚专业担任教学助理。[①]

据万灿夫人吴艾菊撰写的《万灿生平》[②]介绍，万灿，生于1901年，殁于1973年，享年72岁，是中国农工民主党创始人之一。曾留学日、法、德、俄，精通六国语文。1915年考取"清华学校"。1919年因参加五四运动被捕入狱，释放后被"清华学校"开除，随后赴日本学习年余回国，考入沪江大学。1922年，以庚子赔款赴法国"勤工俭学"，于次年同朱德等人转往德国，考入德国柏林大学经济学系。1925年受聘莱比锡大学任教授，讲授政治经济学和中国文学。时间上比盛洋在《德国莱比锡大学汉学系简介》中介绍的早一年。由于盛洋为莱比锡大学汉学系讲师，可查阅第一手资料，万灿1926年起在莱比锡大学讲授汉语，更可靠些。

（五）哥廷根大学：季羡林

1935年季羡林作为清华大学赴德国的交换生赴德国哥廷根大学留学，规定期限为两年。1937年交换期满将要回国时，国内爆发"七七事变"，其家乡山东济南也被日军占领，回家的路

① 盛洋《德国莱比锡大学汉学系简介》，见项楚主编《中国俗文化研究（第十三辑）》，成都：四川大学出版社，2017年，第172页。

② 吴艾菊《万灿生平》，《前进论坛》2004年第6期，第22—25页。

断了。哥廷根大学汉学研究所所长古斯塔夫·哈隆（Gustav Haloun）得知季羡林的情况后，找到季羡林，建议其留在汉学所。季羡林接受邀请成为汉学所的汉文讲师①，这便有了季羡林海外汉语教学的经历，与汉语的国际传播有了交集。

二、担任汉语教师的留德学人所做出的贡献

（一）汉语教学

中国留德学人担任汉语教师最主要的任务就是提高学生的汉语语言能力，特别是口语能力。因此，中国教师多被称为“语言教师”。德国汉学家海尼士对中国语言教师的评价为：“利用中国助手之益处，能使著者工作加速，成绩提高，纠正翻译错误。”②王光祈在波恩大学讲授的课程如下：1933—1936 年，汉语初学者的写作与会话训练；1933—1936 年，高级班汉语训练；1935 年，中国历史简易文本写作；1935—1936 年，报刊报道；1935 年，司马迁；1935 年，戏剧；1935 年，知名书信选。1936 年 4 月计划开设的课程有：现代道白戏剧、书信体写作练习、唐宋时期的散文，但由于王光祈的突然逝世，而未能实

① 季羡林《季羡林全集第四卷：日记·回忆录一［清华园日记 留德十年］》，北京：外语教学与研究出版社，2009 年，第 460—463 页。

② 王勇《一位新文化斗士走上音乐学之路的“足迹”考析——王光祈留德生涯与西文著述研究》，上海：上海文艺音像出版社，2007 年，第 80 页。

施。[①]从其所讲授的课程看，汉语言能力提高方面的课程占了很大的比例。王光祈的工作得到了波恩大学的肯定，学校的讣告中写道：从1932年11月1日起，他作为波恩大学东方系的讲师来到这里工作，他是一个有着良好教学方法、努力认真、极有敬业精神的老师。[②]

留德学人赴德前都受过良好的教育，开设与中国有关的课程也是留德学人的优势。陆懿1937年辞去波恩大学的教职，到柏林外国语学校任职。她在柏林国际学院的教学得到当地的肯定，两年间开设的课程有：汉代的哲学、唐代的诗歌艺术、中国小说的发展、中国戏剧的诞生、中国贸易的发展、中国瓷器制作史上和中国近五十年的文学等。[③]

（二）编写汉语教材

参与编写汉语教材是作为汉语教师的留德学人的又一大贡献。薛葆与德国人康慕义（Adolf Kammerich）合作编写了《新式中文书面语入门练习册》。教材扉页上标注的薛葆为东方语言学院中文讲师，康慕义为皇家海军法院顾问。该教材是为了配合柏林大学东方语言学院的汉语教学、解决无书面语汉语教材问题而编写

① 王勇《一位新文化斗士走上音乐学之路的“足迹”考析——王光祈留德生涯与西文著述研究》，上海：上海文艺音像出版社，2007年，第90页。

② 同上，第96页。

③〔德〕托马斯·哈尼师著，刘梅译《汉学的疏误？——1945年以前中国留学生对汉学的贡献和推动》，见〔德〕马汉茂，汉雅娜，〔中〕张西平，李雪涛主编《德国汉学：历史、发展、人物与视角》，郑州：大象出版社，2005年，第151—152页。

的，是东方语言学院系列教材第二十二种，1912 年由柏林格奥尔格·莱默尔（Verlag von Georg Reimer）出版社出版。教材的第一部分是语法解释、课文的拼音转写、词汇和翻译，第二部分是中文课文，包括私事信函、官方或商业信函、报纸消息。① 薛葭在 1912 年编辑出版了一本德汉双语的官话练习导论。② 托马斯·哈尼师也说过，薛葭在 1912 年还出版了《汉语课本》（*Lehrbuch des Chinesischen*），并称该书有可能是德国的第一本中文教材。③

编写此书的目的主要是训练学生的公文写作能力。该书的前言中指出，现有的汉语教材大都是教授汉语口语的，急需选择实际的中文文章作为练习材料。东方语言学院的学生很多都是赴华担任外交官或在海关任职的，写作能力必不可少。

《标准国语教本》是陆懿与德国汉学家、波恩大学汉学系副教授石密德合作完成的，由德国壁恒图书公司（Verlag von Max Nössler & Co.，G. M. H）于 1939 年在上海出版。石密德在《标准国语教本》前言中写道：

在目前中日战争期间，在欧洲找到一家有能力的中

---

① 李雪涛《一本汉语教科书反映的近代中德关系——薛葭、康慕义〈新式中文书面语入门练习册〉初探》，澳门特别行政区政府文化局《文化杂志》中文版第 92 期，第 43 页。

② 杜卫华《1898—1918 年德国柏林大学中国留学生研究》，《江苏师范大学学报（哲学社会科学版）》2013 年第 4 期，第 1 页。

③〔德〕托马斯·哈尼师著，刘梅译《汉学的疏误？——1945 年以前中国留学生对汉学的贡献和推动》，见〔德〕马汉茂，汉雅娜，〔中〕张西平，李雪涛主编《德国汉学：历史、发展、人物与视角》，郑州：大象出版社，2005 年，第 150 页。

文出版社是不可能的，所以手稿留在日内瓦，直到我年轻的同事陆懿博士在波恩大学就读期间凭中文博士论文获得了博士学位，他决定于 1938 年 7 月初前往中国，亲自携带这本手稿去中国找印刷厂。而我 1938 年 6 月在日内瓦迅速制作了一个副本。1938 年 8 月末，在从香港飞往汉口的途中，他遭遇到了悲惨的结局。那架飞机从香港起飞后不久就被日本轰炸机射中，我的年轻的同事因此死亡。我想就此公开说明，我失去了一个我最忠诚的、最有能力的、最意气相投的同事，这个悲剧让我内心深处充满痛苦。①

该教材面向的是大学生，所教授的为国语标准音汉语，即北方方言音和新式白话文，紧紧跟随中国白话文运动，选择了与当时中国社会紧密相关的话题。教材分为三部分，共 36 课。1 ～ 20 课为第一部分，主要讲语法知识，正文均为例句，例句之后是句子中所体现的文化点、语法知识和疑难词语。21 ～ 30 课为第二部分，其内容为与在中国生活紧密相关的话题，每课一个话题：拜访、旅行、剧院和电影院、教育、学术研究、银行和邮局、书信、病症和医院、一天日常、家庭。31 ～ 36 课为第三部分，内容是作者所说的中国“现代文学选集”，选取了中国著名的作家、著名的作品，有胡适《文学改良刍议》中“关于白话文的八个重

① 何玉洁《石密德、陆懿〈标准国语教本〉研究》，上海师范大学硕士学位论文，2016 年，第 6 页。

大原则”，周作人《苦雨》“第四段和第五段”的一部分，鲁迅《狗的驳诘》，许地山《落花生》《梨花》，冰心《山中杂记》散文集中的《古国的音乐》，茅盾《机械的颂赞》以及鲁迅《自叙传略》第四部分，涉及的体裁有小说、散文等。①这本书被许多书评提到并且引起一定的反响，其主要特点是培养学生的阅读技能，不仅适用于大学生，也适用于自学汉语的人。作为语言教材，最令人关注的是书中选用了鲁迅等现代作家的作品②，体现了作者“通过各类主题文章和摘录的文学选篇大规模地学习现代汉语词汇，进而对当今中国人的精神生活有多样了解”的编写思想。③

三、历史启示

（一）在外留学生是当地汉语教学的重要资源

“可以查到姓名的当过教师的中国学生总共23人。”如此之多的留德学人曾任汉语教师的历史表明，在那个年代，德国汉语

① 何玉洁《石密德、陆懿〈标准国语教本〉研究》，上海师范大学硕士学位论文，2016年，第9—11页。

②〔德〕托马斯·哈尼师著，刘梅译《汉学的疏误？——1945年以前中国留学生对汉学的贡献和推动》，见〔德〕马汉茂，汉雅娜，〔中〕张西平，李雪涛主编《德国汉学：历史、发展、人物与视角》，郑州：大象出版社，2005年，第151页。

③ 同注释①，第11页。

教学的需求旺盛，仅仅依靠本土汉语教师不能满足汉语或者说汉学人才培养的要求。受过良好的中国传统教育的留德学人，汉语语言知识扎实，中华文化功底深厚，且又懂德语、了解德国文化，当德国大学需要汉语教师的时候，自然而然地想到了他们，选择了他们。这样，也可省去从中国聘请教师的手续、旅费等。同时表明，留德学人是当地汉语教学的重要资源，这种资源的利用，可以很好地助推当地汉语教学的发展。另外，也解决了留德学人的经济来源，助其更好地完成在德国的学业。当今，海外留学生规模巨大，虽其国学功底不及前辈，但在国内均受过良好教育，经培训后，还是有很多人适宜在海外担任汉语教师工作。当然，还得考虑到当地对留学生务工的法律法规。

（二）语言训练者是中国人作为外国人汉语教师的主要角色

中国人在海外担任汉语教师到底是什么角色？这一问题的明确关系到教师的选拔、培训以及他们在海外的定位，也直接影响他们工作的心态。如果从1887年10月德国东方语言学院成立时聘请的桂林、潘飞声两位中国教师的情形看，他们两人便是语言教师的角色——桂林是北方官话教师，潘飞声则是广东话教师。这与德国东方语言学院学生的培养目标有关，也与德国有一批熟练掌握汉语、了解中国的本土汉语教师、汉学家有关。一般来说，由本土教师讲解语法等更便于学生理解，母语教师训练学生的语言能力则更为有效。留德学生担任汉语教师，也多为语言教师，其作用也是提高德国学生汉语语言水平。所谓的汉学研究，除非部分留德学人本身的专业与之有关，不然则是次要工作。由此，我们是否也可以说，现在派出的中国汉语教师其任务应聚焦到帮助提高外国学生汉语语言水平，其所接受的培训也应聚焦到如何训练学生的汉语语言能力的技巧、方法上，其所进行的研究也应聚焦到汉语语言能力教学法上。这个问题，值得思考。

（三）中外合作编写符合时代要求、符合学生特点的汉语教材是有效的模式

教材对学生学习汉语的重要性不言而喻，但如何编写出符合时代要求、符合学生特点的汉语教材则是一个需要研究的课题。本文所提到的薛葆与德国人康慕义合作编写的《新式中文书面语入门练习册》，陆懿与德国汉学家、波恩大学汉学系副教授石密德合作编写的《标准国语教本》给了我们有益的启示。这两本教材定位明确，其选材具有时代性，一是紧跟当时中国的白话文运动，二是选定了当时比较有名的中国作家的作品，三是选择了当时的一些报刊文章和协议文本等比较实用的文体。中德作者各自发挥自己的优势，使得两套教材比较好地适用于德国学生。两套教材所具有的时代性、实用性、适用性，可以说是中德作者合作的结晶。

本文中作为汉语教师的留德学人，在历史的长河中所展现给世人的并不是汉语教师，也就是在人们的印象中所显现的是汉语教师之外的身份。如王光祈，人们所熟知的他是音乐学家和社会

活动家。四川音乐学院内王光祈墓碑由音乐家吕骥题写“王光祈墓亭”，两侧柱上楹联是“革命先驱少年中国，蜚声寰宇音乐名家”，向外展现的就是音乐学家和社会活动家的形象。熊伟，学界知道更多的是其为北京大学哲学系教授、海德格尔哲学专家。季羡林作为著名学者，被冠以东方学大师、语言学家、文学家、国学家、佛学家等，由于其名声之大，人们多少还是知道其在哥廷根大学有一段汉语教学的经历，但只是作为一段经历而已。本文所列其他留德学人也因后来在本专业领域的杰出表现，而湮没了其在德国汉语教学的经历。但是，德国汉语教学的发展、汉学的发展，留德学人是做出了杰出贡献的，这一点，历史不应该忘记。

第八章

作家老舍在伦敦大学东方学院的汉语教学与中华文化传播

老舍是中外闻名的现代小说家、文学家和戏剧家。纵观老舍文学创作的历史，可以说与其在伦敦大学东方学院（现称亚非学院）的汉语教学这一段历史有着非同寻常的关系，正是在伦敦大学东方学院任教期间，老舍创作了《老张的哲学》《赵子曰》《二马》等著名小说，一举成为当时中国文坛的佼佼者。在一定程度上讲，伦敦大学东方学院的汉语教学工作成就了老舍文学创作的辉煌历史。因此，老舍在伦敦大学东方学院的汉语教学不仅在汉语国际传播史上具有重要意义，在文学史上也具有重要意义。

一、老舍赴伦敦大学东方学院任教的缘由

老舍赴伦敦大学东方学院任教与基督教伦敦会有关——因北京伦敦会的推荐，他得以获得东方学院的邀请。当然也因为老舍

自身的才能。还因为当时老舍内心的一些想法，才使得其愿意去东方学院任教。

老舍生于1899年2月3日（光绪二十四年腊月二十三日），原名舒庆春。1913年，考入北京师范学校，学制5年。1918年毕业后被派任京师公立第十七高等小学校兼国民学校校长。1920年被京师学务局升任为京师郊外北区劝学所劝学员（负有提倡新学、筹集款项之责任）。1922年，辞去劝学员职务，到天津南开中学任语文教员。1923年初由天津返京，在北长街教育会任文书，兼任北京第一中学国语教员，并到燕京大学旁听英文。以上经历，为老舍日后赴英国教授汉语打下了坚实的基础。

老舍初恋的失败及所形成的“独身主义”有可能是其赴东方学院任教的原因之一。1922年初，老舍的母亲暗中为他定下了亲事，并放了定礼。母亲告知老舍后，老舍坚决不干。后请大姐、三姐帮忙推掉了婚事。[①] 对此，老舍写道：

> 既要非作个新人物不可，又恐太伤了母亲的心，左右为难，心就绕成了一个小疙疸。婚约到底是废除了，可是我得到了很重的病。[②]

① 张桂兴《老舍四封佚信的史料价值》，《石油大学学报（社会科学版）》1999年第1期，第69页。

② 老舍《小型的复活》，见徐德明编《老舍自述》，武汉：湖北人民出版社，2006年，第29页。

老舍之所以态度坚决，一是受了当时婚姻自由思想的影响，二是心中已有爱恋的对象。其爱恋之人为大富豪刘寿绵之女，虽两人彼此都有爱慕之意，但他们之间却有着一道门第悬殊这一难以逾越的鸿沟。①1923年，刘寿绵因不善经营败落，出家做了和尚，并让夫人和女儿去做了带发修行的居士。初恋的失败，使得老舍在婚恋观上发生了很大的变化，由过去的“婚姻自由”，变成了“独身主义”。以至于1925年9月2日，正在伦敦大学东方学院任教的老舍从朋友之处得知家中正在给他重提婚事时，便给其兄舒子祥写信：

> 倾得友书，谓有人代为议婚，请严词拒绝。
>
> ……
>
> 我临出国之时曾嘱咐您千万莫代我主张婚事，希望您实行我的话，不必听别人的！我还是那句话，谁给我定婚，谁替我养着，我没有那份本事多挣钱。我一点怒气都没有，我只是明明白白地陈说个中的利害与我不结婚的理由。我不是说人们不应当结婚，不过我自己不愿结婚！我不敢说结婚一定有损无益，我只是从事实上想我不能结婚。②

初恋的感情动荡，给老舍的情感世界带来了极大的影响。在

① 舒乙《老舍的关坎和爱好》，北京：今日中国出版社，1990年，第13页。

② 张桂兴《老舍四封佚信的史料价值》，《石油大学学报（社会科学版）》1999年第1期，第68页。

老舍的《没有故事》一文中，我们可以看到老舍对初恋的刻骨铭心：

人是为明天活着的，因为记忆中有朝阳晓露；假若过去的早晨都似地狱那么黑暗丑恶，盼明天干什么呢？是的，记忆中也有痛苦危险，可是希望会把过去的恐怖裹上一层糖衣，像看着一出悲剧似的，苦中有些甜美。无论怎么说吧，过去的一切都不可移动；实在，所以可靠；明天的渺茫全仗昨天的实在撑持着，新梦是旧事的拆洗缝补。

对了，我记得她的眼。她死了好多年了，她的眼还活着，在我的心里。这对眼睛替我看守着爱情。当我忙得忘了许多事，甚至于忘了她，这两只眼睛会忽然在一朵云中，或一汪水里，或一瓣花上，或一线光中，轻轻的一闪，像归燕的翅儿，只须一闪，我便感到无限的春光。我立刻就回到梦境中，哪一件小事都凄凉，甜美，如同独自在春月下踏着落花。

……

我们分离有许多年了，她还是那么秀美，那么多情，在我的心里。她将永远不老，永远只向我一个人微笑。在我的梦中，我常常看见她，一个甜美的梦是最真实，最纯洁，最完美的。多少多少人生中的小困苦小折磨使我丧气，使我轻看生命。可是，那个微笑与眼神忽然的从哪儿飞来，我想起惟有“人面桃花相映红”差可比拟的一点心情与境界，我忘了困苦，我不再丧气，我恢复了青春；无疑的，我在她的洁白的梦中，必定还是个美少年呀。[①]

许多的文章中，把老舍初恋的失败，作为其“出走英伦”的原因。到底是不是，没有确凿的证据，只能说有可能。

从资料看，老舍赴伦敦大学东方学院任教与伦敦会有着直接关系。1922 年，老舍在隶属于伦敦会的北京缸瓦市基督教堂接受洗礼，成为基督徒。老舍跟随缸瓦市教堂的牧师宝广林学习英语，参与了基督教缸瓦市中华教会的筹建工作。通过教会的工作，老舍结识了曾是伦敦会华北区的主席和燕京大学教授的易文思，结识了华北伦敦会的重要人物、北京萃贞女子学校校长姆·伍德（Myfanmy Wood）小姐。这两位与老舍赴伦敦大学任教有着直接的关系。

老舍赴伦敦大学东方学院任教极有可能就是易文思推荐的。易文思的英文名字为 Robert Kenneth Evans，也有译为伊文思、艾温士、埃文斯的。当年，到车站接老舍，并为老舍介绍住所的就是易文思，说明易文思非常重视老舍赴英任教这件事。至于易文思与东方学院的关系，有学者认为易文思可能是东方学院的校外监考官。因为这种关系，东方学院委托易文思在中国物色一名

① 老舍《没有故事》，见徐德明编《老舍自述》，武汉：湖北人民出版社，2006 年，第 21—23 页。

汉语教师，便是很自然的事情了。①

老舍与伦敦大学东方学院的合同是姆·伍德小姐代表东方学院签署的，签署的地点就在伍德小姐的萃贞女校。②这可以从1926年6月6日老舍致东方学院秘书克莱格小姐的信得到证实。信函内容如下③：

亲爱的克莱格小姐：

您能否就我本人和学校签署的合同一事给我一个准确的消息？

我在1924年由北京启程来英国之前，在伍德小姐的学校里签署了这个合同，可是，我却从未得到它的副本，而且我也不知道她把它送到学校了呢，还是把它送给了里斯博士？如果是后一种情况，那很有可能根本就没送到学校，因为里斯博士恰在那时去世了。我知道，按照英国人的习惯，签约双方都要在合同上签名，而且双方要分别保留一份有对方签名的副本。由于我不清楚

---

① 李振杰《老舍在伦敦》，《新文学史料》1990年第1期，第138页。相对李振杰的“可能是埃文斯直接推荐的”而言，老舍之子舒乙更加明确写道：“1924年在宝广林先生和英国人易文思（Robert Kenneth Evens）先生的推荐下，被英国伦敦大学东方学院聘为该院中文讲师。”（舒乙《老舍在英国》，见《人民政协报》2011年7月4日第C03版。）

② 同上。

③ 舒悦译注，索维圻校《老舍在伦敦的档案资料》，《中国现代文学研究丛刊》1986年第1期，第119—120页。

伍德小姐是否已把我签名的副本寄给了学校，所以我迟迟未向学校要有校方签字的合同副本。请您告诉我：第一，伍德小姐是否把合同交给了学校；第二，我希望保存一份有校方签字的合同副本。尽管我对合同中的条件记得很清楚，我仍希望有一份校方签字的副本。如果您能满足我的请求，我将非常感谢。

忠实于您的

舒庆春

克莱格小姐于 6 月 10 日给在北京的伍德小姐写信询问此事，伍德小姐 8 月回信说没有保留合同，是否送出已记不清楚。[①]

老舍赴英国的旅费也是伦敦传教会负责办理的。关于旅费支付与伦敦会的关系，可以从有关信件中得到证实。1924 年 10 月在上海的伦敦传教会驻华总代表布莱克先生与在伦敦的易文思之间，以及易文思与东方学院秘书克莱格小姐之间曾就老舍的旅费问题通信，目的是让学校报销由中国伦敦会垫付的老舍的旅费。1924 年 10 月 21 日，易文思致东方学院秘书克莱格小姐的信中提到：我已经给伦敦传教会的伦敦会会计去过信，请他就预支给舒先生来英国的路费提出要求。信中还称，手中有一份伍德小姐的备忘录，上面说除了预付给舒先生来英国的路费之外，还预付

① 李振杰《老舍在伦敦》，《新文学史料》1990 年第 1 期，第 139 页。

过从北京到上海的50元（墨西哥币）路费。认为这笔钱学校也应给予报销。①

甚至可以认为，老舍到燕京大学学习英语也是伦敦会的安排，以便为其赴英工作做准备。老舍在赴英国之前曾在燕京大学学习英语一年，学费由燕京大学文学院支付，这在伦敦会的有关档案中有着明确的记载。燕京大学是教会学校，董事会中总是有伦敦会的人，与老舍关系密切的宝广林和易文思就曾任燕京大学董事。②

伦敦大学东方学院之所以选择了老舍作为外聘汉语教师，纵然是因为伦敦传教会的推荐，但老舍本人所具备的知识、能力是东方学院决定聘任的重要原因，或者说是关键因素。老舍从师范学校毕业，当过小学校长，教过国语课，又在教堂、燕京大学学过英文，这些不仅仅是老舍的履历，更是其知识和能力的体现。日后老舍在东方学院的表现也证明了这一点。

二、老舍在伦敦大学东方学院

老舍是1924年9月10日由上海乘德万哈号客轮，9月14

① 舒悦译注，索维圻校《老舍在伦敦的档案资料》，《中国现代文学研究丛刊》1986年第1期，第117—118页。

② 汤晨光《老舍的早期活动与伦敦会》，《民族文学研究》2005年第2期，第30页。

日抵达英国蒂尔波里码头，然后乘火车到伦敦的，从此开始了在伦敦大学东方学院的五年汉语教学工作。在伦敦期间，老舍所做的主要工作有以下几项：

（一）汉语教学

老舍到东方学院的第三天，也就是1924年9月16日，东方学院院长致信老舍，告知了学校对其教学工作的安排。信的内容如下[①]：

亲爱的舒先生：

我很高兴地通知您：在学校7月16日的会议上董事会任命您为中文讲师，从1924年8月1日起，为期五年，年薪250镑，按月支付。

下面是学校聘书的附加条件：

校长可以根据学生的要求安排课程的时数和次数，讲课时间每周最多20小时；

如果在校外有私人教学安排，必须把情况全面向校长报告；

学校正常的工作时间是从上午10点至下午7点，星期六从上午10点至下午1点。

---

① 舒悦译注，索维圻校《老舍在伦敦的档案资料》，《中国现代文学研究丛刊》1986年第1期，第115—116页。

我能理解您希望用 Colin C. Shu（舒柯林）代替您的中文名字“庆春”的愿望。

忠实于您的

校长

当时东方学院中文系一共有 3 位教师，除老舍外，还有布鲁斯（Joseph Percy Bruce，1861—1934）教授和讲师爱德华兹（Evangeline Dora Edwards，1880—1957）小姐。另有几位临时兼课的教师。布鲁斯教授，中文名卜道成，英国浸礼会牧师。1887 年来华传教。1908 年，他在济南购买约 545 亩土地，创建山东基督教共合大学（1917 年更名为齐鲁大学），开始担任神学院院长。后于 1917 年至 1919 年担任齐鲁大学校长。回到英国后，任伦敦大学东方学院中文系教授。著有《朱熹和他的前辈们：朱熹与宋代新儒学导论》等多部有关中国的著作。爱德华兹，1913 年来华，曾在 Peking Language Shool[①] 学习汉语。1921 年回到英国，在伦敦大学担任汉语教师的同时，在学校走读，1924 年获中

① 这里提到的 Peking Language School 应该是 The North China Union Language School，华北协和华语学校。该校成立于 1910 年，是由英国伦敦教会倡导成立的传教士汉语培训学校。1913 年正式宣布成立。有资料显示，爱德华兹 1914 年至 1916 年作为总负责人管理该校。该校 1924 年与燕京大学合作，更名为 Yenching School of Chinese Studies，燕京华文学校。1928 年后又几度更名，1942 年迁到美国加州大学伯克利分校后更名为 The College of Chinese Studies，华文学院，直至停办。（徐书墨《华文学院研究》，北京：人民出版社，2012 年，第 10—11 页，第 23 页。）

文学士学位，1925 年获硕士学位，1926 年获得伦敦大学博士学位。1939 年成为东方学院中文系教授。1937 年至 1939 年为伦敦大学远东部实际负责人，直到 1953 年。①1939 年萧乾赴东方学院任教时，中文系主任就是爱德华兹。老舍当时在伦敦的朋友宁恩承在回忆文章中提到，清朝末代皇帝溥仪的英语老师庄士敦与老舍同期在东方学院任教，并且给老舍带来了许多烦恼。② 李振杰根据溥仪的《我的前半生》、庄士敦的《紫禁城的黄昏》中的有关资料论证，否定了庄士敦与老舍同期任教的说法。《我的前半生》记载，1926 年之前庄士敦仍在中国；《紫禁城的黄昏》表明，庄士敦大约 1930 年 10 月回到英国。而老舍在伦敦大学东方学院任教的时间是 1924 年 9 月至 1929 年 6 月，所以两人不可能同期在东方学院任教。③ 庄士敦确实在东方学院担任过教职。据英国作家史奥娜·艾尔利《回望庄士敦》一书记载，庄士敦是 1931 年 3 月被授予伦敦大学东方学院汉语教授一职的。获得这一职位后，庄士敦便请假去中国访问，于 1932 年初返回伦敦正式履行汉语教师的职责。④ 据此，庄士敦在伦敦大学东方学院教授汉语的日期是在老舍离开东方学院大约三年之后的事了。

5 年期间，学生最多的一年有 63 人，最少的一年有 41 人。

---

① 韩笑《伦敦大学英中合编〈言语声片〉研究》，上海师范大学硕士学位论文，2015 年，第 20 页。

② 宁恩承《百年回首》，沈阳：东北大学出版社，1999 年，第 199—200 页。

③ 李振杰《老舍在伦敦》，《新文学史料》1990 年第 1 期，第 140—141 页。

④〔英〕史奥娜·艾尔利著，马向红译《回望庄士敦》，济南：山东画报出版社，2009 年，第 125 页。

老舍主要教授北京官话。除官话外，还教授古文等其他课程。老舍的主要教学工作为：与布鲁斯教授、爱德华兹小姐等教口语、翻译（包括笔译和口译）、古文和历史文选；与布鲁斯教授合教道教佛教文选和历史文选；与爱德华兹小姐合教写作课。①

当时东方学院的学生没有什么限制，就年龄而言，大到七十岁，小到十几岁，只要交学费就可入学。每个人所学的内容也不相同。美国“现代中国学之父”费正清在回忆录中曾提到，1925年他在英国学习期间，与其共进晚餐的扬太太15岁的儿子科特尼（Courtenay）正在伦敦大学跟舒庆春（C. C. Shu）学习中文。那个时候，费正清还不知道这位来自于北京的满族人舒舍予（Shu She-yu），就是后来著名的小说家老舍。②老舍任教期间，中文系就有两位七十多岁的老人，一位学习汉字，由英国老师教；另一位由老舍教，这位学生主要是学习发音。其他学生有的是为了准备论文而来学习的，有的是为了要去中国而来的，还有的是在中国已经待了很长时间而来继续学习的，每个学生的情况不同，课程不同，上课的时间也不同。这样，造成了很多班是一人一班，教师轮换给学生上课，就很忙了。成班上课的情况也有，主要是军人和银行职员。军队的学生学习用功，据说他们会一种语言，每年会多一百镑钱，学好中文后，也有机会去中国。星期六下午没有课，每周当中休息半天，加上周日，每周有两天

① 李振杰《老舍在伦敦》，《新文学史料》1990年第1期，第139—140页。

② 费正清著，阎亚婷，熊文霞译《费正清中国回忆录》，北京：中信出版集团，2017年，第35页。

休息。一年分为三个学期，每学期十周，一年则有五个月休息。假期中，如果有学生要上课，老师也愿意教。[1]

1926 年 10 月 9 日，东方学院用新的合同规定了老舍的教学任务。1926 年 10 月 9 日东方学院秘书致信老舍，通报了学校的决定。信函如下[2]：

亲爱的舒先生：

我十分高兴地通知您：先前您在中国签订的录用合同已被下列的新条件所取代：

从 1926 年 8 月 1 日起，舒庆春先生在今后三年里被任命为标准中国官话和中国古典文学讲师，年薪为 300 镑。其他条件是：

校长可以根据学生的要求安排课程的时数和次数，授课时间每周最多 20 小时；

在第一、第二学期的末一星期里和第三学期的末两星期里，教师可以应邀进行无附加报酬的额外教学；

所有教师在学校的正常工作时间是从上午 10 点至下午 7 点，星期六从上午 10 点到下午 1 点；

如果在校外有私人教学安排，必须把情况全面向校长报告；

---

① 徐德明《老舍自述》，武汉：湖北人民出版社，2006 年，第 40—44 页。

② 舒悦译注，索维圻校《老舍在伦敦的档案资料》，《中国现代文学研究丛刊》1986 年第 1 期，第 123 页。

规定在合同终了时，您返回中国的路费将由学校支付。

忠实于您的

秘书

从信中可以看出，老舍每周的教学时间仍是20个小时，但年薪增加了，由过去的250镑增至300镑，并且明确了回国的路费由伦敦大学支付。关于年薪问题，老舍曾在1926年6月16日致信校长，提出：250镑的年薪难以支付其目前在伦敦的生活和帮助在中国的母亲，希望学校加薪。[①]

关于在东方学院的教学，老舍自己评价道："对于我的工作，我是全力以赴的，我承担了学生们所希望学到的科目的教学任务，不论它们是否包括在合同内。"[②]东方学院的秘书1926年6月10日在致伍德小姐的信中表示：舒先生的工作非常令人满意，凡是同他接触过的人都非常喜欢他。[③]这一评价说明老舍的教学是有成效的，是成功的。

（二）编写汉语教材

老舍在伦敦大学东方学院任教期间，参与编写了一套留声

① 舒悦译注，索维圻校《老舍在伦敦的档案资料》，《中国现代文学研究丛刊》1986年第1期，第121页。

② 同上。

③ 同上，第120页。

机唱片汉语教材。这套教材录制于1926年，由英国灵格风公司出版，英文书名为*Linguaphone Oriental Language Courses Chinese*，中文书名为《言语声片》。教材分唱片和课本两个部分。唱片由老舍发音，共16张，32面。教材编写的目的，是帮助学习者，特别是没有条件找到中文教师的人，利用唱片学习汉语发音，学会一般的汉语会话。这套教材是在国外发行的、中外合编的第一套汉语教学唱片[①]，在对外汉语教材史上具有重要的意义。

《言语声片》编撰团队由语音权威和教学名师组成。伦敦大学东方学院院长丹尼森·罗斯（Sir E. Denison Ross，1871—1940）担任总编。丹尼森·罗斯是著名的东方学家、语言学家，专攻东方语言。语音编委有詹姆斯（A. Lloyd James，1884—1943）、琼斯（Daniel Jones，1881—1967）、布莱格登（C. Otto Blagden，1864—1949）。詹姆斯1920年任伦敦大学学院语音讲师，1933年至1944年任伦敦大学东方学院教授。他既是《言语声片》的语音编委，又是灵格风东方语言系列教程的语音编辑。琼斯是伦敦大学语音教授。1907在巴黎大学获得博士学位回到英国，在伦敦大学学院创立第一个英语语音系，担任系负责人。其创立的以自己姓名命名的"DJ音标"，被称为"公认发音"，得

① 国内最早发行的汉语教学唱片是1921年陆以言的《中华国语留声机片》、1922年赵元任的《国语留声机课本》，1925年赵元任编写录制了*A Phonograph Course in the Chinese National Language*，序言中写道：这是第一次利用留声机教授外国人学汉语。相比赵元任的唱片，老舍的灵格风汉语唱片可以说是第一套在国外发行、中外合编的汉语教学唱片。（仇志群《老舍参加编写录制的国语唱片教材》，《语文建设》1993年第8期，第37页。）

到广泛应用。布莱格登为皇家人类学会和皇家亚洲学会副会长。1910年为伦敦大学东方学院马来文化研究者，一直从事马来和缅甸文化的研究。《言语声片》汉语分编的编者为东方学院中文系教授布鲁斯、讲师爱德华兹及老舍。

《言语声片》教材分为唱片和课本两个部分。但，唱片和课本都没有标明出版时间。根据舒乙《老舍》，可能编写录制于1926年，以后又有再版。[①] 课本全书共30课，分为英文本和中文本两个分册出版。课本第16～27课的下半部分，即会话部分（1～15课，没有会话），以及第28～30课的全部内容都是由老舍执笔。全书中文部分的编辑工作由老舍负责。书中的汉字根据老舍手书制版，生词和课文由老舍朗读灌制唱片。[②] 这套教材至今仍完整地保留着，是研究汉语国际传播，特别是出国汉语教师的重要历史资料，是研究国际汉语教材编写及历史的重要资料，也是研究20世纪20年代北京话的重要资料。

（三）学术演讲

当时伦敦大学的学术氛围浓厚，每年都安排一些公开的学术讲座。1926—1927学年，东方学院安排了四个定期系列学术讲座，分别是“东方和非洲诗歌”“印度哲学介绍”“穆斯林世界现

① 仇志群《老舍参加编写录制的国语唱片教材》,《语文建设》1993年第8期，第37页。

② 刘小湘《我国对外汉语教学的珍贵遗产——试论老舍在伦敦期间的对外汉语教学》,《世界汉语教学》1992年第3期，第227页。

状”“印度行政法”。老舍做了关于“唐代爱情小说”的演讲，该演讲是“东方和非洲诗歌”系列讲座的一部分。在这一系列的8个讲座中，7个是关于诗歌的，只有老舍的讲座与诗歌无关。[①]老舍演讲的主题“唐代爱情小说”是校长提出的。1926年7月16日东方学院秘书致老舍的信中明确表达了院长的这一建议。信函内容如下[②]：

亲爱的舒先生：

校长那天想问您，但我想，他也许忘了问：您是否愿意在学校开一个公众讲座，作为教学人员组织的“东方和非洲诗歌”系列讲座的一部分。校长建议讲座的题目是“唐代爱情小说”，时间是11月17日，星期三下午5点。

随信附上一份关于此题目的草案，请阅。如果您能尽快地让我知道您是否愿意开这个讲座，我将非常高兴。

您诚实的

秘书

老舍接受了邀请，7月18日回信表示非常乐意接受校长的

---

① 李振杰《老舍在伦敦》，《新文学史料》1990年第1期，第141—142页。

② 舒悦译注，索维圻校《老舍在伦敦的档案资料》，《中国现代文学研究丛刊》1986年第1期，第121页。

建议，开设一个关于唐代小说的公开讲座。老舍在信中列出了关于讲座内容的构想：（1）唐代短篇小说的发展——作为讲座的序论；（2）唐代爱情小说的分类和思潮（有关伦理或宗教等方面的小说）；（3）语言以及研究唐代小说的必备书籍；（4）对元、明戏剧形成的影响。强调第二部分是讲座的重点，大概要占去总体时间的一大半。由于是第一次用英文做演讲，老舍担心自己的英语水平能否表达其要说的，表示在讲课之前，请英国朋友对讲稿进行修改，以免在讲课中出现差错。另外表示，愿意将讲稿拿给校长过目，以得到他的批准。校长对老舍的讲座计划非常满意，并告老舍，写完讲稿后，将同老舍一道把它通读一遍。[①] 据东方学院 1926—1927 年鉴“公开讲座”一栏记载，此次讲座如期举行。[②]

关于这篇演讲稿后来在何处发表说法不一。舒悦译注，索维圻校《老舍在伦敦的档案资料》的注解中说道：1930 年老舍在齐鲁大学文学院任教授兼国学研究所文学主任，此篇 *Tang's Love Stories* 1932 年发表在燕京书院的学刊上，全文是英文，署名舒舍予，是老舍的第一篇文学论文。1990 年出版的《老舍文集》第 15 卷以及 1999 年增订出版的《老舍全集》第 16 卷，收录了该演讲稿。两个版本在尾注中写明：载 1932 年 2 ～ 3 月 Cheloc University，Tsinan（济南齐鲁大学）。

---

① 舒悦译注，索维圻校《老舍在伦敦的档案资料》，《中国现代文学研究丛刊》1986 年第 1 期，第 122 页。

② 李振杰《老舍在伦敦》，《新文学史料》1990 年第 1 期，第 142 页。

（四）帮助艾支顿翻译《金瓶梅》

老舍在东方学院期间，曾帮助艾支顿（Clement Egerton，有的翻译为埃杰顿）翻译《金瓶梅》。当时，艾支顿在东方学院学习汉语。艾支顿与老舍商定合租一套房子，房租由老舍负担，伙食由艾支顿负担。老舍教艾支顿汉语，艾支顿教老舍英文，用现在的话说就是"语伴"。艾支顿于1924年开始翻译《金瓶梅》，但以他当时的汉语水平是很难翻译这样一本长篇巨著的。恰其遇到了老舍，老舍一边教他学习汉语，一边帮助他翻译《金瓶梅》。老舍与艾支顿在一起居住了三年。由于老舍的帮助，艾支顿的译文不仅错误很少，还很优美，受到了读者的欢迎。艾支顿用五年译完了《金瓶梅》，直到1939年才得以出版。之后多次再版。英译本出版时，艾支顿在扉页上写着："献给我的朋友舒庆春！"在译者说明中，开篇第一句话就是："在我开始翻译时，舒庆春先生是东方学院的华语讲师，没有他不懈而慷慨的帮助，我永远也不敢进行这项工作。我将永远感谢他。"①

（五）写作

在伦敦期间，老舍很少到外地旅游，一有时间便去东方学院图书馆读书和写作，《老张的哲学》《赵子曰》和《二马》三部长篇小说大部分是在图书馆写的，从而使老舍对图书馆充满了别样的情感，以至于"希望有机会再到伦敦去，再在这图书馆里写上

① 李振杰《老舍在伦敦》，《新文学史料》1990年第1期，第134—136页。

两本小说！”[①]老舍在伦敦创作的三篇小说，奠定了其在中国文坛上的地位，可以说，没有伦敦的五年，就没有作家老舍。这应该是老舍除去汉语教学之外，在伦敦所做的最大的工作。

1929 年 6 月底，老舍结束了东方学院的教学工作，拿着学校按合同付给的 80 英镑旅费就离开了英国。[②]老舍在欧洲大陆玩了三个月，“多半时间在巴黎”。“在德法意等国跑了一圈，心里很舒服了，因为钱已花光。钱花光就不再计划什么事了，所以心里舒服”，幸而巴黎的朋友还拿着他几个钱，老舍用这些钱买了一张到新加坡的三等船票。[③]到新加坡后，在一所华侨中学任教，教授国文。1930 年 2 月底，老舍乘船离开新加坡，3 月抵达上海。5 月 25 日由上海回到北京。[④]至此，老舍彻底结束了将近六年的海外生活，回到了北京。

三、老舍伦敦汉语教学给我们的启示

1924 年老舍赴伦敦大学东方学院教授汉语到现在已过近百年。他在东方学院的汉语教学给我们留下了宝贵的经验，给了我

---

① 老舍《东方学院》，见徐德明编《老舍自述》，武汉：湖北人民出版社，2006 年，第 44 页。

② 李振杰《老舍在伦敦》，《新文学史料》1990 年第 1 期，第 137 页。

③ 老舍《新加坡》，同注释②，第 55—62 页。

④ 张桂兴《老舍年谱》(上册)，上海：上海文艺出版社，2005 年，第 61—62 页。

们许多启示。从老舍身上，我们看到了一个合格的赴外汉语教师所应具备的素质。

首先，要热爱祖国，热爱祖国的语言和文化。正像茅盾先生在阅读《赵子曰》之后所说:“在老舍先生的嬉笑唾骂的笔墨后边，我感到了他对生活态度的严肃，他的正义感和温暖的心，以及对祖国的热爱和热望。”①

其次，要有扎实的汉语言和历史文化知识。老舍扎实的汉语言知识不仅表现在教学中，也表现在编写的《言语声片》教材中，更体现在他写的小说中。所做的演讲“唐代爱情小说”则体现出了老舍丰富的历史文化知识。扎实的汉语言和历史文化知识是老舍顺利完成东方学院教学任务、赢得尊敬的根本保障。

再次，要有教学经验和教学能力。1923年老舍曾在罗常培做代理校长的北京第一中学教国文。翁偶虹在《老舍先生的戏曲熏陶》中说:“记得我高小毕业后，考上了郎家胡同京师第一中学，国文教员就是老舍先生。老舍先生教国文，不是硬邦邦地囿于一篇古文而字斟句酌，他的讲课内容极广，凡是与他讲解的文章有联系的东西，无不涉及……”②说明了在教中学生时老舍就展现出其非凡的教学能力。在东方学院，老舍对教学“全力以赴，承担了学生们所希望学到的科目的教学任务”，学校对他的工作非常满意。

最后，要懂当地的语言。老舍在北京的时候，就在缸瓦市

---

① 舒乙《老舍在英国》，见《人民政协报》2011年7月4日第C03版。

② 翁偶虹《老舍先生的戏曲熏陶》，《戏剧报》1984年第6期，第64页。

教会学英语，又在燕京大学学习英语一年，可以说到英国之前老舍就有了一定的英语基础。虽然老舍自嘲“我能把它说得不像英语，也不像德语，细听才听得出——原来是华英官话”[①]，但毕竟还是能应付的。到英国后，又跟着艾支顿学英语，还帮着艾支顿翻译《金瓶梅》，在东方学院的图书馆还读了不少英文版的图书。这些都提高了老舍的英语水平。正是因为老舍懂英语，才能够和学院的同行、秘书等进行交流，才能用英语撰写关于唐代爱情小说的报告，并能用英语进行演讲。

回顾这段历史，毫无疑问，东方学院造就了作家老舍，以至于作为作家的老舍在英国更有名，英国也将老舍作为一个作家来纪念。为纪念老舍，英国文物遗产委员会将老舍居住过三年的 St. James's Gardens 列为“英国遗产”。2003 年 11 月 25 日，伦敦举行了隆重的挂牌仪式，舒乙和时任中国驻英国大使查培新共同揭牌。牌子上分别用中英文写着“老舍”的字样，并注明他是一位中国作家，1925 年—1928 年曾在此居住。[②] 这就是历史！

① 徐德明《老舍自述》，武汉：湖北人民出版社，2006 年，第 32 页。

② 舒乙《老舍在英国》，见《人民政协报》2011 年 7 月 4 日第 C03 版。

第九章

记者、作家、翻译家萧乾的另一个身份：出国汉语教师

在历史的记忆中，萧乾是记者、作家、翻译家。人们所熟悉的也是萧乾的这三种身份。然而，伦敦大学东方学院的汉语教学经历，在其一生中也是十分重要的。可以说，伦敦大学东方学院的汉语教学成就了他作为战地记者的名声，成就了他作为作家、翻译家的地位。

一、应聘伦敦大学东方学院

1939 年，萧乾在滇缅公路工地出差 3 个月回到香港《大公报》编辑部时，看到一封伦敦大学东方学院寄来的公函，言一个月前曾给萧乾来过一封信，催其答复。萧乾未曾见到这封信，感到十分困惑，不知信的内容为何，于是便致信伦敦大学东方学

院，说未收到第一封来信，请东方学院再来一封，说明前一封信的内容。东方学院的回信告：学院中文系有一讲师空额，请其赴学校任教。关于这段历史，萧乾曾写道：

> 1939年我采访完滇缅公路回到大公报馆后，突然收到伦敦大学东方学院的一封聘函。我十分惊愕，不晓得那家学院怎么会想到了我！恰好曹未风兄由英返国过港，他告诉我道泉兄举荐的。我这才知道，他在30年代中期就去了欧洲，在德国逗留数年后，来到那家学院教授梵文。[①]

由此可见，是在伦敦大学东方学院任教的于道泉推荐了萧乾。1925年，萧乾参加共产主义青年团时，于道泉曾担任过萧乾的领导，之后便无联系。虽然两人好久没有联系，但于道泉是《大公报》的读者，从报上可以知道萧乾的情况。考虑到萧乾符合伦敦大学东方学院的要求，便推荐了萧乾。

伦敦大学东方学院的邀请信中明确了萧乾的待遇：先签订一年合同，年薪250镑，还得缴纳所得税。另外，旅费自理。[②]面对这苛刻的条件，萧乾处于犹豫之中："我上哪儿筹这么一大笔

① 萧乾《默默的奉献者——庆于道泉兄九十寿辰》，见王尧编著《平凡而伟大的学者：于道泉》，石家庄：河北教育出版社，2001年，第392页。

② 年薪250镑，与1924年伦敦大学东方学院给老舍的待遇相同，但老舍的旅费是英方负担的。

款子呢？即使筹到了，万一一年后合同不续签，我又拿什么偿还呢？”《大公报》社长胡霖知道后，鼓励萧乾应聘伦敦大学东方学院，认为是“从天上掉下了的好事”，其赴英国的旅费由报社垫付，以后从萧乾为《大公报》供稿的稿费中扣还。胡霖给萧乾分析了欧洲的形势，认为“大战注定是非打起来不可了”，对新闻工作者来说，是“千载难逢的机会”。报社想派记者，英国也未必肯让入境。所以，萧乾在伦敦大学东方学院教授汉语的同时，可以为报社写关于英国甚至欧洲的稿件，真可谓是一举两得的好事。[①] 在胡霖的鼓励和支持下，萧乾接受了伦敦大学东方学院的聘请，踏上了赴英任教的征程。

于道泉之所以推荐萧乾，一是与萧乾熟悉。萧乾与于道泉相识于 1925 年。当时于道泉已从齐鲁大学毕业，萧乾则是一个 16 岁的初中生。萧乾在崇实中学加入共产主义青年团，于道泉是他的领导。二是萧乾具备胜任汉语教师岗位要求的才能。一般来说，要胜任伦敦大学东方学院汉语教师的职位，要具备扎实的汉语知识以及教学能力，要熟练掌握英语，要了解英国文化，要善于与外国人打交道。萧乾从小作文就好，酷爱文学，曾在燕京大学国文专修班学习过。他自 1933 年发表第一篇小说《蚕》之后发表了多篇小说，在《大公报》主持文艺版，也充分展示出了他的文字水平。由于家庭的原因，萧乾从 9 岁起就跟着信仰基督教的美国人堂嫂学习英文，所上的中学崇实中学也是教会办的，

① 萧乾《欧战旅英七年：一个中国记者的二次大战自述》，合肥：安徽人民出版社，2013 年，第 1—4 页。

每个礼拜都得背《约翰福音》。中学期间，萧乾已熟背《新约全书》。所读的大学本科是辅仁大学英文系。可以说萧乾是熟练掌握英语的，其水平也是非常高的。从其在读大学期间与美国人威廉·安澜合办英文周刊《中国简报》期间的表现也可看出其英文水平。从萧乾的经历中，我们可看到，萧乾在年轻的时候，曾先后在广东汕头角光中学、福州仓前英华中学教授国语，也就是说，萧乾是具有教汉语的经历的，积累了一定的汉语教学经验。以上这些，都可以说明萧乾是可以胜任伦敦大学东方学院汉语教师这个岗位的。

但面对伦敦大学东方学院给的苛刻待遇，萧乾为什么愿意应聘呢？从萧乾的自述中我们可找到答案。萧乾在自述中写道：

> 我毕竟读过几年英国文学，老早就从狄更斯、哈代等人的作品中神游过英伦三岛。中国之外，那也许是我最熟悉、感情上最相通的国家。更何况在一九三九年，这趟远行对我还有着一种特别的吸引力。当时我正陷入感情的漩涡中，无力自拔。撇下一切，一走了之，未尝不是一种解脱。①

从以上文字中，我们可以知道，萧乾之所以应邀去伦敦大学东方学院是基于以下几点：一是英国是萧乾除中国外“最熟

① 萧乾《欧战旅英七年：一个中国记者的二次大战自述》，合肥：安徽人民出版社，2013 年，第 2 页。

悉、感情上最相通的国家”；二是1939年的英国对于萧乾“有着一种特别的吸引力”。这与当时的历史背景有关，这个背景应该是当时香港《大公报》胡霖支持萧乾去英国时所做的分析，那就是第二次世界大战即将打响，对于新闻人来说是“千载难逢”的机会，对新闻人具有极大的吸引力；三是为摆脱感情的纠葛。当时萧乾正处于感情的漩涡中，远赴他乡是解脱的最好办法之一。

二、萧乾伦敦大学东方学院教学岁月

1939年9月1日，萧乾在杨刚的陪同下来到九龙乘上阿米拉斯号邮轮，开启了他的异国汉语教学之路，也开启了他的战地记者之路。就在萧乾踏上阿米拉斯号邮轮的这一天，德国进攻波兰，英法对德宣战，第二次世界大战全面爆发。9月2日，萧乾通过船上的广播得知此消息。不幸的是，在9月2日下午萧乾被告知，其乘坐的阿米拉斯号被法国国防部征用，他被迫在西贡下船。经过艰难曲折，7天之后才得以换乘另一艘轮船赶赴英国。10月7日抵达伦敦。由于战争的原因，伦敦大学东方学院迁到了剑桥的基督学院。10月4日，于道泉曾给萧乾写了一封信告知了这一消息。[1]

---

① 王尧《平凡而伟大的学者：于道泉》，石家庄：河北教育出版社，2001年，第435页。

乾兄：

前接兄函以为兄所乘船为意大利之（Giulise Cesase）。弟曾由Loyd Tniestino寄上了三封信，今早接自印度来信始知兄已临时改乘法轮，如无意外，想此时已在伦敦。学校已于战争发生后迁剑桥，但尚有一部在伦敦。昨见系主任谓兄将来大概须留伦敦。兄到后可前往13（Liston Avenue，Twickenhaw）一见Dr. Simm（本校副教授）。彼当可将学校见告也，余俟面谈。此颂

旅安！

弟于道泉拜

1939年10月4日

萧乾到达伦敦后，第二天便赶往剑桥。从此，萧乾“翻开了生活史上的另一页：教外国人汉语”。当时，东方学院中文系主任是爱德华兹。除主任外，中文系还有四位教师，一位是从德国逃来的犹太人西门博士，一位是嫁给英国人的广东女子。另外两位是于道泉和萧乾，于道泉教授古代汉语，萧乾教授现代汉语。①

据萧乾在自述中介绍，中文系主任爱德华兹不教书。那么教学工作主要由四位教师负责。在四位教师中，三位为华人，纯外国教师就只有西门博士了。西门博士是1936年由德国移民到英

① 萧乾《欧战旅英七年：一个中国记者的二次大战自述》，合肥：安徽人民出版社，2013年，第31页。

国的犹太人。西门博士是纳粹主义时代众多移民国外的汉学家之一。西门（Walter Simon，1893—1981），1911年至1914年在柏林大学学习罗马语族和古典文学，1915年至1918年在德国军队服役，1919年获博士学位。获得博士学位后，西门华德跟随福兰阁学习汉学及多门亚洲语言。1926年起，在柏林大学任不支薪讲师讲授远东语言学，1930年起为特殊的汉学教授。1932年至1933年作为交换馆员，任职于北京国家图书馆。1936年移居英国，在伦敦大学亚非学院担任讲师，1947年任中文、日文、藏文和满文教授，至1960年。其专长为中文和藏文语言学。①

萧乾到达伦敦大学东方学院的时候，正是第二次世界大战打响不久。因学生们大多应征入伍，学校的学生很少，学习中文的学生就更少了。在珍珠港事件前，萧乾只教授过两个学生，一个是将学习中文作为“高尚消遣”的苏格兰化肥厂厂主，另一个是爱上香港殖民官的姑娘，以便婚后中文能派上用场。这个姑娘学习中文的目的性很强，但不幸的是，她与香港殖民官的恋爱告吹，便中断了中文学习。②

①〔美〕柯马丁著，杜非译《德国汉学家在1933—1945年的迁移——重提一段被人遗忘的历史》，见〔德〕马汉茂，汉雅娜，〔中〕张西平，李雪涛主编《德国汉学：历史、发展、人物与视角》，郑州：大象出版社，2005年，第249页。

② 萧乾《欧战旅英七年：一个中国记者的二次大战自述》，合肥：安徽人民出版社，2013年，第32页。伦敦大学东方学院有“来者不拒”的传统，所教授的学生不仅仅是本校的正式学生，也包括社会上愿意学习汉语的学员。所以就出现了萧乾所教授的学生一个为化肥厂厂主，一个为因恋爱而学习汉语的姑娘的情况。萧乾称之为“个别教授”，用现在的术语讲就是“一对一”教学。

为英国公益会赴华救护队培训汉语是萧乾在伦敦大学东方学院所做的一项重要工作。1941 年，英国公益会 40 位青年组成一支救护队，志愿到中国抗战前线从事医疗工作。救护队请伦敦大学东方学院为他们举办短期培训班，3 ～ 4 个月，培训内容为日常汉语和中国地理、历史知识。萧乾与西门负责培训工作。培训班设在英国中部伯明翰郊区的一个公司的仓库里。萧乾与学员们同吃同住。鉴于学员们是去“为中国做点事情”的具有“一腔侠义之情”的人，萧乾是“怀着感激之情”，就中国的语言、史地、风俗习惯，尽其所能介绍给他们。①

1942 年夏，萧乾辞去东方学院的教职，入剑桥大学王家学院读研究生，从此结束了在伦敦大学东方学院的汉语教学生涯。

三、于道泉伦敦大学东方学院的汉语教学

于道泉作为萧乾的推荐人，特别是作为伦敦大学东方学院的汉语教师，我们有必要对于道泉做专门的介绍。

于道泉，光绪二十七年（1901）农历十月十八日出生于山东淄博。1916 年至 1920 年，于道泉就学于济南甲种工业学校化学科，1920 年考入山东齐鲁大学，先修化学，后转美国史和心理学，最后修习社会学。使于道泉命运发生转折的是印度诗圣、诺

① 萧乾《欧战旅英七年：一个中国记者的二次大战自述》，合肥：安徽人民出版社，2013 年，第 39—42 页。

贝尔文学奖获得者泰戈尔（Rabindranath Tagore，1861—1941）1924年4月对中国的访问。济南是其访问的众城市之一。在济南期间，于道泉担任泰戈尔的翻译。泰戈尔的为人、学识，深深打动了于道泉。泰戈尔对于道泉也颇为赞赏。泰戈尔建议于道泉去印度学习梵文、学习佛教。于道泉同意了泰戈尔的建议。当时，于道泉已考取山东省官费留美，当听到他决定去印度学习时，其父坚决反对。于道泉由此与家庭决裂，只身随泰戈尔来到北京。从此，于道泉走上了学习梵文、藏文等语言的道路，日后成为藏学泰斗。由于当时中国的现实，泰戈尔关于中印友好交流的计划无法实现，于道泉去印度留学的梦想也被打破。泰戈尔在离京前，向于道泉推荐了另一位在其一生中十分重要的人物——钢和泰（Alexander von Stael-Holstein，1877—1937）。钢和泰，帝俄所属爱沙尼亚贵族，在德国柏林大学和弗里德里克斯大学学习梵文，获哲学博士学位。之后，先后在俄国外交部和彼得格勒大学东方语文系任职。1916年5月，钢和泰来到北京。胡适邀请钢和泰到北京大学教授梵文和印度古宗教史。1924年4、5月间，泰戈尔访问北京时，向于道泉介绍了钢和泰，并说，你在北京可以跟着这位俄国人学习梵文、学习佛教，你原先的愿望可以部分实现。钢和泰对于道泉十分欣赏，接受于道泉入室学习梵文和佛教，但必须接替原先由胡适担任的钢和泰课堂教学的口译工作。就这样，于道泉跟钢和泰学习藏文、梵文。1926年，经袁同礼先生推荐，于道泉到当时的北海图书馆（今国家图书馆前身），担任满、蒙、藏文书的采访和编目工作。1928年，由陈寅恪先生推荐，于道泉到“中央研究院”历史语言研究所任助理研究员。1934 年 5 月 5 日，于道泉乘法国邮轮 DarLaguan 号自上海出发赴巴黎，入巴黎大学文学院，师从巴考（Jacques Bacot，1890—1967）教授学习藏文，同时选修土耳其文。1935 年 8 月至 1936 年间在德国学习德语，1936 年返回巴黎，在巴黎大学图书馆做半工半读学生。同时，在巴黎大学东方学院教汉语。1938 年，经德国藏学家西门博士介绍，于道泉到英国伦敦大学亚非学院任教，担任高级讲师，讲授汉、藏、蒙古语言课程，时间长达十年。1949 年 4 月于道泉由伦敦回国，接受北京大学校务委员会主席汤用彤的邀请，出任北京大学东方语文系主任，任藏语组组长。1951 年受聘国家民委筹办中央民族学院藏文班，其后一直在中央民族大学从事教学和研究工作，成为国际藏学界知名人士、藏学大家。[①]

著名的伦敦学派代表人物、系统功能语言学创始人韩礼德（M. A. K. Halliday，1925—2018）1942 年是于道泉伦敦大学亚非学院汉语班的学员。[②] 在有关韩礼德的资料中，我们知道韩礼德有两位中国老师，一位是他在北京大学学习期间的罗常培先生，另一位是他在岭南大学学习期间的王力先生。但从韩礼德的经历中我们可以看出，韩礼德在伦敦大学亚非学院学习汉语的时候，于道泉是该校的汉语教师，韩礼德应该跟于道泉学过汉语。

---

① 王尧《于道泉传略》，《平凡而伟大的学者——于道泉》，石家庄：河北教育出版社，2001 年，第 297—364 页。

② 廖波《于道泉教授的学术道路》，同上，第 426 页。

韩礼德学习汉语与第二次世界大战有着密切的关联。第二次世界大战期间，为满足战争需要，英国军方与伦敦亚非学院合作举办汉语、日语、土耳其语和波斯语培训班，17 岁的韩礼德被录取学习汉语，学习 18 个月后，由军队派到印度加尔各答，将此地作为据点，了解中国的战争情况。[①]

关于在伦敦大学亚非学院学习汉语的经历，韩礼德于 2011 年 6 月 23 日至 24 日在新加坡举行的第三届亚太地区国际汉语教学协会年会所提交的论文 *Notes on Teaching Chinese to Foreign Learners*（《教外国学习者汉语要略》）中写道：

> 我从青少年时代开始学习汉语，课程在我 17 岁生日之后随即开始。那是为期 20 个月的语言强化课程，由伦敦大学亚非学院中文系设计并讲授。该课程由英国战争部主管，因为他们在东、西亚战场的海陆空三军需要精通各种亚洲语言的语言专家。汉语是其中的一门语言，招收我这个年龄段的志愿学员。我选择了学习汉语，并通过了特定语言性向测试，这是学习这一课程所必需的条件。
>
> 课程由以沃尔特·西蒙（Walter Simon）博士为首的英国和中国的语言教师团队负责授课（西蒙博士是德国人，但他在纳粹力量逐渐壮大时设法移民到英国）。

① 胡壮麟《韩礼德的中国梦》，《中国外语》2015 年第 6 期，第 10 页。

> 前几个月课程的起始阶段由西蒙博士本人和另外一名英国教师授课；在我们掌握这门语言的基础知识后，中国籍汉语教师才参与课堂教学。①

从以上材料，我们可以得知，韩礼德在伦敦大学亚非学院学习汉语的时候是有中国教师参与授课的。起始阶段由英国教师教授汉语基础知识，之后中国教师参与课堂教学。1945 年，英国军方为培养更多的懂外语的军人，选拔了一批外语学习好的人从海外回到英国担任培训班教员。韩礼德便是第一批被选中的 4 位汉语教员之一。伦敦大学亚非学院中文系教授爱德华兹和高级讲师西门为培养语言教学和研究人才，安排韩礼德等人上午给培训班的军队学员授课，下午学习学院中文系的课程。可以选学古代汉语，也可以选学现代汉语。② 这期间，于道泉仍在伦敦大学亚非学院担任汉语教师，在下午的选学的汉语课中，韩礼德应该选学过于道泉的课程。

四、萧乾对中英文化交流所做出的贡献

萧乾是在第二次世界大战开始的时候去到伦敦大学东方学

① ［英］韩礼德著，邵洪亮等译《教外国学习者汉语要略》，《国际汉语》2012 年第 00 期，第 8 页。

② 胡壮麟《韩礼德的中国梦》，《中国外语》2015 年第 6 期，第 10 页。

院的，可以说他是听着二战的枪炮声来到英国的。这虽然应验了当时《大公报》社长胡霖的判断，但由于战争的原因，学校的教学活动受到了很大的影响。虽然萧乾的汉语教学工作不多，但他热心于中英文化交流，做了许多有益的工作，得到了伦敦大学东方学院的充分肯定。1942 年伦敦大学东方学院的年度报告中写道：

> 本年中国部分的唯一变化是萧乾的离去，现在他在剑桥大学王家学院当常驻研究生。对萧乾的离去，远东系有充分的理由感到惋惜，当然，他能获得英国文化委员会颁发的学术奖学金，到剑桥深造，也值得祝贺。他对中国学科的贡献，对中英文化关系的发展做出的努力，其实并不亚于他的学术研究和文学成就。他的这些努力和成绩，会使我们久久难以忘记他。①

萧乾抵达英国不久就与英国进步团体援华会取得了联系，成为援华会的主要演讲者。援华会是英国进步人士在 20 世纪 30 年代末组织的旨在为中国抗战呐喊助威的团体。援华会曾多次为我国运送药品和医疗器材，且每次都坚持重庆、延安各半。萧乾在 1944 年成为战时记者之前，为援华会做了几十次的关于“战时中国”的演讲，足迹遍及英国的各个地区，既有威尔士矿区，也

① 译自伦敦大学东方学院 1942 年年度总结。（李辉《萧乾传》，南京：江苏文艺出版社，1993 年，第 185 页。）

有苏格兰的草原，使许许多多的英国人了解了战争时期中国的真实情况。[①]到英国后，萧乾就成了国际笔会的会员，在英国文化界举办的各种活动上发表演讲，宣介中国的新文艺。

在英国七年间，萧乾出版了五种书，其中三种是介绍中国现代文学的书。这五种书是：《苦难时代的蚀画》（*Etching of a Tormented Age*），1942 年 3 月出版，由艾伦与恩温出版社（Allen and Unwin Ltd）印行；《中国而非华夏》（*China but not Cathay*），1942年10月出版，由向导出版社（Pilot Press）印行；《龙须与蓝图》（*The Dragon Beards Versus Blue prints*），1944 年 5 月出版，由向导出版社印行；《千弦琴》（*A Harp with a Thousand Strings*），1944 年 6 月出版，由向导出版社印行；《蚕》（*The Spinners of Silk*），1944 年 8 月出版，由艾伦与恩温出版社印行。《中国而非华夏》和《千弦琴》是介绍中国基本知识的综合性读物，另外三种的内容为介绍中国的现代文学。[②]从出版年份上看，《苦难时代的蚀画》《中国而非华夏》应该是萧乾在伦敦大学东方学院任教期间完成的。[③]

除以演讲的方式，萧乾还利用英国广播公司（BBC）介绍中国。时任英国广播公司远东组组长的乔治·奥维尔曾邀请萧乾做

① 萧乾《欧战旅英七年：一个中国记者的二次大战自述》，合肥：安徽人民出版社，2013 年，第 55—57 页。

② 符家钦《文化使者》，《记萧乾》，北京：时事出版社，1996 年，第 28—29 页。五种书的英文名称来自该书后附的文洁若编《萧乾著译书目》。

③ 符家钦所著《记萧乾》一书后附的文洁若编《萧乾著译书目》中，《中国而非华夏》的出版日期为 1941 年。

关于日军在华暴行的报告以及有关中国文学状况的介绍。[①]

在英国期间，萧乾还发表了多篇自己小说、散文的译文。在报纸上发表文章是萧乾介绍中国的一种重要的方式。萧乾曾于 1942 年 3 月 28 日的《泰晤士文学副刊》（*The Times Literary Supplement*）、1942 年 6 月 11 日和 1942 年 6 月 18 日的《听众》（*The Listener*）上发表新文化运动之后中国文学界情况的文章。[②]

向中国介绍英国构成了萧乾中英文化交流的另一方面。去英国伦敦大学东方学院之前，《大公报》社长胡霖就交代给萧乾为报社撰写通讯的任务，以“偿还”报社为其垫付的旅费。在 1939 年 10 月至 1942 年夏这段时间里，萧乾写了大量的通讯，向读者介绍战时的英国，主要内容为英国的思想文化、国民素质等，以及战火中英国的遭遇、英国人对中国的态度。[③]

在伦敦大学东方学院期间，萧乾具有两个身份，一个是东方学院的汉语教师，另一个则是《大公报》的兼职记者。这两个身份注定了萧乾在英国的工作不仅仅是汉语教学，还要为《大公报》撰写通讯。另，当时由于战争的原因，学校的汉语课不多，也使得萧乾有更多的时间去创作，去做一些中英文化交流的工

① 珍珠港事件后，英国广播公司邀请萧乾做关于欧战及英国战争的专题节目，因不满广播公司干涉其评论内容，萧乾辞去了这项工作。之后，远东组组长乔治·奥维尔邀请萧乾做关于文学方面的报告。（萧乾《欧战旅英七年：一个中国记者的二次大战自述》，合肥：安徽人民出版社，2013 年，第 36—38 页。）

② 徐晓雨《“沟通土洋”的旅程——萧乾旅英时期其人其作》，北京大学硕士学位论文，2014 年，第 20 页。

③ 同上，第 5—6 页。

作。综观萧乾在东方学院的任教经历，应该说其生活是丰富多彩的，但在历史的记忆中，给世人印象深刻的恐怕是作为记者的萧乾，是萧乾所撰写的篇篇通讯、各种书籍。当中文已成为世界各国青少年所愿意学习的语言时，当英国将汉语纳入了国民教育体系，成为欧洲语言之外的第一外语的时候，我们应该记住萧乾等前辈对英国汉语教学的贡献。我们应该记住萧乾的另一个身份：出国汉语教师！

第十章

翻译家曹靖华苏联的汉语教学及中华文化传播岁月

曹靖华（1897—1987）是五四运动以来我国翻译介绍苏联革命文学的先驱者，是在国内外享有盛誉的、德高望重的翻译家、作家、教育家。曹靖华 1897 年出生于河南卢氏。1920 年在河南省立第二中学毕业后，在安徽省一小学担任教师，同年在上海加入中国共产主义青年团，并被派往苏联莫斯科东方大学学习。1922 年回国。北伐战争爆发后，被李大钊派往河南开封国民革命军第二军苏联顾问团担任翻译。大革命失败后，1927 年秋再次赴苏联，先后在莫斯科中山大学、列宁格勒大学、列宁格勒东方语言学院任教。1933 年秋回国，先后在国立北平大学女子文理学院、北平东北大学、中国大学任教。1938 年后赴重庆，从事中苏文化协会和中华全国文艺界抗敌协会的相关工作。1948 年应聘到清华大学任教。新中国成立后，曹靖华任北京大学教授。1927 年至 1933 年，曹靖华在苏联 7 年的时间中，其中有 6

年（1928—1933）在列宁格勒大学、列宁格勒东方语言学院从事汉语教学等中华语言文化传播工作。

一、曹靖华到列宁格勒从事汉语教学及中华文化传播工作的缘由

1927年秋，曹靖华到达莫斯科后，被安排在莫斯科中山大学任教，讲授俄国革命史和政治经济学，同时还承担课堂翻译工作。1928年秋，赴列宁格勒大学、列宁格勒东方语言学院任教。那么，曹靖华是如何到列宁格勒去任教的呢？曹靖华先生之子曹彭龄、儿媳卢章谊在《伏牛山的儿子——曹靖华传》中说道：

> 1928年秋天，列宁格勒东方语言学院及列宁格勒大学向中山大学要求派遣汉语教员，父亲被派往那两所大学任教。①

他们在《曹靖华与〈阿Q正传〉俄译者王希礼》一文中还写道：

> 1928年5月，瞿秋白去莫斯科出席共产国际代表

① 彭龄，章谊《伏牛山的儿子——曹靖华传》，北京：人民文学出版社，2008年，第90页。

大会，会后又以中共常驻代表身份留驻莫斯科。“他乡遇故知”，对父亲来说，这又是一次难得的机遇。这年秋天，父亲征得瞿秋白同意，应聘去列宁格勒大学和列宁格勒东方语言学院任教。而向他下聘书的，恰恰是王希礼的老师，苏联社科院院士瓦·阿列克谢耶夫——“阿翰林”。①

曾有多次机会听曹靖华回忆其在列宁格勒大学工作和生活情况的崔永昌在《曹靖华同志在列宁格勒的日子》一文中写道：

曹老曾对我说：“我是应王希礼的邀请去列宁格勒大学东方系教书的。王希礼就是那位第一个把鲁迅的《阿Q正传》译成俄文的汉学家，他的俄文姓是瓦西里耶夫。”②

俄罗斯著名汉学家、文学翻译家、圣彼得堡大学教授E. A. 谢列布里亚科夫在《曹靖华生平及其创作道路》中写道：

列宁格勒大学自1855年建立东方系开始，就一贯

① 彭龄，章谊《曹靖华与〈阿Q正传〉俄译者王希礼》，《上海鲁迅研究》2011年第4期，第169页。

② 崔永昌《曹靖华同志在列宁格勒的日子》，《新文学史料》1988年第2期，第4页。

> 主张必须聘请精通所教授语言的人授课。列宁格勒权威汉学家阿列克谢耶夫根据瓦西里耶夫的举荐聘请曹来校任教。瓦西里耶夫曾到过北平、杭州、上海，在极其复杂的政治环境中做过负责政治的工作，经受过考验，于1928年离华回国。①

综上，我们可以知道，1928年秋天，列宁格勒大学和列宁格勒东方语言学院需要一名汉语教师，曹靖华是应聘而去的；曹靖华去列宁格勒是经过瞿秋白同意的，也可以理解为彭龄、章谊在曹靖华传中所说的“被派往两所大学任教”；曹靖华去列宁格勒任教与王希礼和阿列克谢耶夫有关。

王希礼是谁？与曹靖华又是什么关系呢？王希礼原名为鲍里斯·亚历山德罗维奇·瓦西里耶夫，1899年生于圣彼得堡，1922年彼得格勒大学（1924年至1991年称为列宁格勒大学，现称圣彼得堡大学）社会科学系中国部毕业，1924年来中国实习，曾担任苏联驻华总领事馆和苏联驻华武官秘书。1925年，王希礼被派往河南开封国民革命军第二军共产国际军事顾问团工作。此时，曹靖华也被李大钊派去军事顾问团担任翻译。在军事顾问团期间，曹靖华给予了王希礼很大的帮助，特别是在曹靖华的支持下，王希礼翻译了鲁迅的《阿Q正传》，并且在曹靖华的帮助下与鲁迅取得了联系。鲁迅为王希礼的《阿Q正传》俄译本作

①〔俄〕E. A. 谢列布里亚科夫《曹靖华生平及其创作道路》，见上海鲁迅纪念馆编《曹靖华纪念集》，上海：中国福利会出版社，2007年，第250页。

序，提供了照片和传略。王希礼先于曹靖华离开顾问团。1926年3月顾问团解散。曹靖华结束了开封的生活。[①] 王希礼1927年回国后，经自己的老师推荐，获副教授职称，在列宁格勒东方学院和列宁格勒文史学院任教。[②] 彭玲、章谊在曹靖华传中记载的是王希礼1928年在列宁格勒大学讲授中国语言与文学。有一点是肯定的，那就是1928年曹靖华赴列宁格勒任教的时候，王希礼是在列宁格勒的。很有可能，因为王希礼与曹靖华非常熟悉，也知悉曹靖华在莫斯科中山大学任教，当列宁格勒两所大学需要一位汉语教员的时候，王希礼推荐了曹靖华。那么，曹靖华所说的“我是应王希礼的邀请去列宁格勒大学东方系教书的”的说法就顺理成章了。

阿列克谢耶夫是王希礼在列宁格勒大学学习时的老师，中文名为阿理克。阿列克谢耶夫1881年出生于圣彼得堡一个贫寒的职员家庭。1898年入圣彼得堡大学东方语言系汉满蒙语专业，学习汉语和蒙古语。1902年大学毕业，在埃尔米塔日博物馆、亚洲博物馆工作。1904年至1906年，被派往英国、法国和德国进修。在法国得到著名汉学家沙畹（Edouard Chavanne，1865—1918）院士的指导。1906年来华在中国老师指导下继续学习汉语。1907年与沙畹结伴在华北地区考察民俗。1908年在中东铁路中俄学校担任俄语教师。1909年进入京师大学堂学习汉语。

① 彭龄，章谊《曹靖华与〈阿Q正传〉俄译者王希礼》，《上海鲁迅研究》2011年第4期，第159—168页。

② 岳巍《王希礼与俄译〈阿Q正传〉及其他》，《读书》2017年第8期，第127页。

1910年11月，阿列克谢耶夫被圣彼得堡大学聘为东方语言系编内副教授，1923年被选为苏联科学院通讯院士。1929年获博士学位，同年当选为院士。一生大部分时间都在东方系任教。他知识渊博，成就非凡，汉学著作达260多种。[①] 阿列克谢耶夫是一位百科全书式的汉学家，培养了一大批汉学家，创立了阿列克谢耶夫汉学学派。阿列克谢耶夫深受中国学者的尊敬，郭沫若先生20世纪40年代访问苏联与其见面时，称阿列克谢耶夫为“阿翰林”，从此这个称呼流传开来。[②]1928年，曹靖华去列宁格勒大学任教的时候，阿列克谢耶夫是东方系领导人。所以说，由阿列克谢耶夫签发曹靖华的聘书也是非常正常的。

二、曹靖华列宁格勒的汉语教学及中华文化传播工作

曹靖华在列宁格勒的两所大学任教，一所是列宁格勒大学，一所是列宁格勒东方语言学院。列宁格勒大学是一所历史悠久的高等院校，始建于1724年，是俄语世界的第一所大学。其东方系建于1855年，是在喀山大学东方系的基础上发展起来的。喀山大学于1837年5月建立汉语教研室，标志着俄罗斯大学汉语教学的开端。1854年，俄罗斯大学东方语言教学实施合

① 阎国栋《俄罗斯汉学三百年》，北京：学苑出版社，2007年，第121—122页。

② 李明滨《曹靖华先生两三事》，《世界文学》2018年第4期，第250页。

并，喀山大学的蒙汉满语专业停办，教师和学生转到了圣彼得堡大学。[①]19 世纪中期，随着东方利益在俄罗斯国际关系上显得越来越重要，迫切需要加强东方研究和对懂东方国家语言、了解东方国家国情的人才的培养，为此，俄罗斯计划集中打造一个东方语言人才培养基地。经筹备，1855 年圣彼得堡大学东方语言系成立。东方语言系设 9 个教研室：汉语教研室、阿拉伯语教研室、波斯语教研室、突厥鞑靼语教研室、蒙古-卡尔梅克语教研室、犹太语教研室、亚美尼亚语教研室、格鲁吉亚语教研室和满语教研室，5 个专业：阿拉伯-波斯-土耳其-鞑靼语专业、蒙古-卡尔梅克语-鞑靼语专业、汉满语专业、犹太-阿拉伯语专业、亚美尼亚-格鲁吉亚-鞑靼语专业。1863 年，汉语教研室和满语教研室合并为汉满语教研室。1870 年，东方语言系开始讲授日语，将其纳入汉满语教研室，1898 年成立独立的日语教研室。1908 年，汉满语分为汉满语专业和日语专业。圣彼得堡大学的汉语教师分为两类，一类是基础课教师，另一类是实践课教师。基础课教师主要是俄罗斯人，实践课教师既有俄罗斯人，也有中国人，如阿布·卡里莫夫（任教时间：1856—1865）、贵荣（任教时间：1884—1885）、苏忠（任教时间：1885—1888）、高英齐（任教时间：1891—1892）、邵恒浚（任教时间：1897—1898）、毕桂芳（任教时间：1898—1904）、孟僖绍（任教时间：1904—1905）、程先生（任教时间：1907—1909）、朱武（任教时间：1911 年上半年）、权世恩（任教时间：1912—1913）和张英（任

① 阎国栋《俄罗斯汉学三百年》，北京：学苑出版社，2007 年，第 68—71 页。

教时间：1914—1915）。[①] 其中，邵恒浚、毕桂芳是清政府首次派出的4名留俄学生中的两位。1896年（光绪二十二年）4月，清总理各国事务衙门派遣俄文馆学生邵恒浚、毕桂芳、陈嘉驹和李鸿谟赴圣彼得堡学习俄语和算法，为期3年。邵恒浚为山东文登人，1886年（光绪十二年）入同文馆，出国时26岁；毕桂芳为汉军镶蓝旗人，1881年（光绪七年）入同文馆，出国时31岁。[②] 由此看来，邵恒浚、毕桂芳在圣彼得堡大学作为实践课教师当是他们在留学期间的兼职。

1928年秋曹靖华来到列宁格勒大学至1933年离开，一共在列宁格勒生活工作了6年。关于在列宁格勒的生活和感想，1932年曹靖华在给堂弟曹联捷的信中写道："第一国立大学（指列宁格勒大学）规模大极，比我国北京大学要大两三倍，学生有七八千人。苏联的学术中心就在此（列京）。最高学府的科学院（即大学院）亦在此（列京）。我决以毕生精力来用到学问上。学问真是无穷！"还写道，"身在异国，而心无时无刻不在故乡徘徊着，在外日久，对故乡的心情，非远处而且久处异国的人，是难感到的，为了学问，不得不受这怀乡之痛了。"[③] 在列宁格勒大学工作期间，曹靖华受到学校的热情关

① 阎国栋《俄罗斯汉学三百年》，北京：学苑出版社，2007年，第113页。

② 肖玉秋《19世纪末20世纪初的中国留俄学生》，见南开大学近现代史研究中心编《世界近现代史研究（第十一辑）》，北京：社会科学文献出版社，2014年，第219—220页。

③ 曹靖华《曹靖华书信集》，郑州：河南教育出版社，1991年，第339页。

怀[①]，使其顺利地度过了6年时光，成为曹靖华人生中的一段重要经历，正如曹靖华在答谢列宁格勒大学授予其名誉博士学位的信中说："我于1928到1933年，在列宁格勒大学任教6年，受到学校热情的关怀和照顾，令我至今难忘。"[②]

6年间，曹靖华主要做了以下三个方面的工作：

第一方面的工作是改革汉语教学，由过去的只教古汉语，改为既教文言文，也教现代汉语，把重点放在教现代汉语。[③]

由于两国长期隔绝，以及俄罗斯汉语教学的传统，学生所学的语言与现代中国大不相同，只能从古文中学习汉语，结果师生对话满口文言。当时的系领导人——汉学家、苏联科学院院士阿列克谢耶夫与中国人见面所说的问候语也是文言："君别来无恙乎？"[④]当年，曹靖华在开封遇到王希礼时，王希礼只会"之、乎、者、也"，满口《聊斋》式文言文，面对中国的现实，就显得手足无措，不知怎么对付了。王希礼是阿列克谢耶夫的学生。阿列克谢耶夫专注于研究《聊斋》，所教出的学生的汉语自然带有"聊斋味"，由此可见大学汉语教学脱离中国现实的弊端。面对王希礼的困惑，曹靖华告诉他："语言是发展的，中国现代语

① 1932年6月曹靖华在给其弟曹葆华的信中提到，政府对外国专门人才极其优待，为外国专家特设商店，供应食物等。(《曹靖华书信集》，第331页。)

② 曹靖华《曹靖华致特罗扬诺夫斯基》，见张德美，冷柯编《曹靖华纪念文集》，郑州：河南教育出版社，1992年，第631页。

③ 彭龄，章谊《伏牛山的儿子——曹靖华传》，北京：人民文学出版社，2008年，第91页。

④ 李明滨《曹靖华先生两三事》，《世界文学》2018年第4期，第252页。

言，比《聊斋》时期有很大发展。五四运动提倡白话文以后，书面语也发生很大变化，你不了解和掌握中国现代语言，同中国人交流自然会感到不便。”①

当时列宁格勒大学的学生也对学校汉语教学的状况表示了不满。一名名叫叶甫盖尼·安德里耶夫斯基的学生 1929 年在列宁格勒大学《大学生真理报》上发表了题为《中国事务》的文章，文中写道：“这样安排教学的结果是，毕业生在毕业之时只知道死的中文文本但却不知道活的汉语口语，只知道所有的中国皇帝但却不知道中国的阶级斗争史，也就是说并不了解我们的中国。”②这也从学生的角度反映了当时汉语教学的弊端。

曹靖华到达列宁格勒大学以后，这种传统的汉语教学仍没有改变。曹靖华认识到以这种所谓的传统培养出来的学生是远远不能适应研究现代中国以及与中国人进行充分交流的需要。当年王希礼在河南开封的境遇与苦恼就是明证。所以，曹靖华大力提倡在教授古汉语的同时，要加大现代汉语的教学力度。

第二方面的工作是将中国“五四”以来的新文学引进课堂。在曹靖华来到列宁格勒大学之前，他们只重视古典文学，曹靖华来之后，倡导把中国现代文学引入课堂，特别是将鲁迅的《阿 Q 正传》《祥林嫂》《孔乙己》等现代文学作品引入课堂。曹靖华

---

① 彭龄，章谊《曹靖华与〈阿 Q 正传〉俄译者王希礼》，《上海鲁迅研究》2011 年第 4 期，第 161 页。

②〔俄〕В. Г. 达岑申著，张鸿彦译《俄罗斯汉学史（1917—1945）：俄国革命至第二次世界大战期间的中国研究》，北京：北京大学出版社，2019 年，第 158 页。

增开了现代文学课，由他和王希礼联手开讲现代中国文学史，介绍包括鲁迅作品、五四新文学等，可以说，在当年的苏联开了新风。①

第三方面的工作是翻译。一项是协助列宁格勒大学阿列克谢耶夫等人翻译中国文学作品，另一项是自己翻译苏联文学作品。曹靖华在列宁格勒大学任教期间，曾加入阿列克谢耶夫组织的汉学家协作小组。小组成员的任务，一是对照原文订正自己译文中的错误，二是互相校订，三是校订之前汉学家的译文。用统一格式的卡片记录误译的字句、段落、原因、如何纠正等等。曹靖华的任务是摘出阿列克谢耶夫翻译的《聊斋》中的错译。他还校核了《陋室铭》《归去来辞》《春夜宴桃李园序》等诗文的译文。②他认真校阅、摘出了大量卡片，并对校阅中的问题进行了详细的说明。1930 年 1 月 3 日曹靖华致阿列克谢耶夫的信很清楚地记录了当时曹靖华的校阅工作。其信函如下③：

阿先生有道：

奉上《归去来辞》等三文及卡片两百页。望查收。

关于校《聊斋》事，已将《画壁》一篇校完，只校出一个小错，实际说来，与其说是错，毋宁说是对的。在译本第 14 页第三段第三行第二字，先生将“有人暗

① 李明滨《曹靖华先生两三事》，《世界文学》2018 年第 4 期，第 252 页。

② 同上，第 251 页。

③ 曹靖华《曹靖华书信集》，郑州：河南教育出版社，1991 年，第 297 页。

牵其裾”的“裾”字，译作PykaB（按“衣袖”之意）。按“裾”即“襟”意，是上衣的一部分；有前襟后襟之分，前襟又分为大襟小襟，或左襟、右襟。旧时在重男轻女之际，男左女右，在衣襟上也有分别。其两襟在胸前正对着，如马褂等，谓之对襟。

先生将“襟”译作“袖”者，想系“襟”之一字在俄文字习惯中不常用，故译为“袖”，使读者印象更加深刻，若果如此，则先生之主张不但不错，而且是十分对的。

先生对原文之忠实，译文之风雅，实令人不胜钦佩！

译书是似易而实难的一件事，第一要“信”，第二要“达”，第三要“雅”。平常能做到的第一、二种功夫已属难能可贵，而在先生译文中这三层难关均迎刃而破，更是翻译界仅见的了。

余面谈。此请

教安！并祝新年！

曹靖华敬上

一九三〇年元月三日

从以上信函中，一可看出曹靖华的工作态度，二可看出曹靖华对阿列克谢耶夫译文的高度评价。曹靖华与阿列克谢耶夫的合作，对阿列克谢耶夫创建独立的汉学学派做出了很大的贡献。

曹靖华在授课之余，也翻译了许多苏联文学作品。应苏联远东书局之约翻译了《第四十一》《不走正路的安德伦》《星花》《一月九日》等，其中《第四十一》被列为汉学家协作小组的书目，负责校勘的是王希礼。[①]1929年11月，鲁迅约曹靖华翻译绥拉菲摩维奇的《铁流》，曹靖华把此作为政治任务来完成，推掉了阿列克谢耶夫约其翻译论文等任务，利用一切业余时间，全力翻译《铁流》，在1931年“五一”节前将《铁流》译完。[②]曹靖华翻译的《铁流》在中国产生了巨大的影响。老一辈革命家林伯渠曾说：“《铁流》这类苏联小说，红军印刷所不知翻印了多少回，出版了多少册，参加过长征的干部很少没有不读过的。”[③]

在校核阿列克谢耶夫的《陋室铭》《归去来辞》《春夜宴桃李园序》三篇译文时，曹靖华还应阿列克谢耶夫的要求，将三篇古文中的对仗、节律及成语对学生讲解，以引起学生对中国文学的兴趣。[④]阿列克谢耶夫的女儿、汉学家玛·班科夫斯卡娅说：“曹靖华不仅是将俄罗斯现代文学翻译成中国现代汉语的专家，而且也是文言文专家。阿列克谢耶夫要求他以古汉语课文做示范，以便引起学生对中国文学的兴趣。”

除在列宁格勒大学任教外，曹靖华还在列宁格勒东方语言学

① 彭龄，章谊《曹靖华与〈阿Q正传〉俄译者王希礼》，《上海鲁迅研究》2011年第4期，第170页。

② 同上，第172—173页。

③ 李明滨《曹靖华先生两三事》，《世界文学》2018年第4期，第253页。

④ 同上，第251页。

院任教。列宁格勒东方语言学院是苏联培养东方语言干部的专门学校。学院距列宁格勒大学不远，只有一河之隔。[①]

三、曹靖华列宁格勒汉语教学和中华文化传播的意义

曹靖华是列宁格勒大学汉语教学体系的改革者。这对于苏联汉学界具有革命性意义。坚持既教古文，又教现代汉语，看起来是一件十分简单的事情，但在当时可以说是具有革命性意义的大事。一是教授古汉语已成为传统，其教学体系已根深蒂固，要想改，得有令人信服的理由，并且为人所接受。虽然作为汉学系领导人的阿列克谢耶夫“多少有些顽固保守”，但“阿列克谢耶夫是个有魄力、有干劲、有组织能力又有远见的学者”[②]，他对曹靖华的改革给予了认可。实践证明，固守传统的只教古汉语而不教现代汉语，只能与中国现实脱节，特别是与中国兴起的白话文运动所脱节，更重要的是与中国的百姓格格不入，无法进行正常的交流。王希礼早年在中国的遭遇，就是最好的印证。

曹靖华是将中国现代文学传入苏联的先驱者。曹靖华改变列

---

① 崔永昌《曹靖华同志在列宁格勒的日子》，《新文学史料》1988年第2期，第5页。

② 高莽《革命的盗火者　友谊的架桥人》，见张德美，冷柯编《曹靖华纪念文集》，郑州：河南教育出版社，1992年，第333页。

宁格勒大学过去只教中国古典文学的做法，将鲁迅等现代中国作家的作品引入课堂，如鲁迅的《阿Q正传》《祥林嫂》《孔乙己》等，可以说曹靖华是将中国现代文学传入苏联的先驱。这一个改革传播了中国现代革命文学，又培养了一批研究中国现代文学的汉学家，如柳·波兹涅耶娃、杜·莫尔恰诺娃等专门翻译、研究鲁迅、老舍等中国现代文学家作品的汉学家。[①] 特别值得一提的是原莫斯科大学教授柳·波兹涅耶娃，师从曹靖华五年，是曹靖华的得意门生。她积极宣传中国革命和中国文学，翻译了不少鲁迅的作品，还翻译了丁玲的《太阳照在桑干河上》和其他中国作家的作品。其博士论文为《鲁迅》。博士论文答辩时，恰逢曹靖华随代表团访苏，参加了柳·波兹涅耶娃的博士论文答辩会，给予了很好的评价。[②]

曹靖华是阿列克谢耶夫汉学学派形成的助推者。在列宁格勒大学参加汉学家协作小组时，曹靖华主要负责对阿列克谢耶夫的《聊斋》等译文进行校核，对其译文“挑错”，做摘录卡片。这些卡片资料成为阿列克谢耶夫《汉学翻译理论》的重要依据，协作小组的成员也成为阿列克谢耶夫汉学学派的基础。阿列克谢耶夫为什么把校核自己译文的任务交给曹靖华呢？俄罗斯文学翻译家高莽在《革命的盗火者 友谊的架桥人》一文中的一段话很好地

① 彭龄，章谊《伏牛山的儿子——曹靖华传》，北京：人民文学出版社，2008年，第95页。

② 毛粹《曹靖华同志在列宁格勒大学——访原北京外国语学院院长张锡俦同志》，《新文学史料》1988年第2期，第9页。

回答了这一问题：

> 曹靖华的出现，对他（阿列克谢耶夫）来说不能不视为神州飞来的瑰宝。那时曹靖华已有丰富的生活阅历：参加过北伐战争，经历了胜利与失败的考验，且受过良好的教育，有深厚的汉文修养，又通晓俄文，还发表过几部名著的译文。我想，在当时的列宁格勒不可能找到比曹靖华更有学问的中国文化人了。①

玛·班科夫斯卡娅认为阿列克谢耶夫之所以把校核《聊斋》译文的任务交给曹靖华是因为他把曹靖华看作可靠的朋友。

曹靖华是向中国引荐十月革命苏联文学的开拓者。在列宁格勒时期，曹靖华把介绍苏联革命文学作为革命任务，选择作品持严肃认真的态度，注重选择那些切合中国读者需要，在苏联又是优秀的作品。比如，曹靖华 1927 年在莫斯科时就着手翻译拉甫列涅夫的《第四十一》，在列宁格勒完成翻译。之所以选择《第四十一》，是因为该作品洋溢着革命英雄主义的浪漫色彩。曹靖华翻译的《第四十一》以及《一月九日》《星花》《不走正路的安德伦》等是最早向中国民众介绍的苏联革命文学，在当时的苏区、抗日时期的太行山根据地等广为流传，鼓舞了革命士气。

鉴于曹靖华在发展科学、人民教育以及人类知识进步中做

① 高莽《革命的盗火者 友谊的架桥人》，见张德美，冷柯编《曹靖华纪念文集》，郑州：河南教育出版社，1992 年，第 333 页。

出的杰出贡献，1987 年 5 月，列宁格勒大学学术委员会授予其名誉博士称号。1987 年 8 月 4 日，最高苏维埃主席团颁布命令，授予曹靖华各国人民友谊勋章。苏中友协中央理事会主席齐赫文斯基在贺电中说：

> 苏联高度评价曹靖华教授的翻译，它需要渊博的文化知识、语言知识和历史知识。他给予翻译中国文学的苏联翻译工作者，尤其对伟大鲁迅著作的翻译方面所给予的帮助也是令人难以忘怀的。1987 年 8 月 4 日最高苏维埃主席团颁布命令，授予曹靖华教授各国人民友谊勋章。这说明苏联高度评价杰出的中国文学研究家、翻译家在中苏文化合作中做出的贡献，说明苏联重视他在中国普及俄苏文学的功绩，也说明苏联人民对他非常敬重。①

齐赫文斯基（1918—2018），是俄罗斯著名的汉学家，苏联科学院（今俄罗斯科学院）院士。说到齐赫文斯基和曹靖华的关系，他俩是实实在在的师生关系，但这个师生关系不是在圣彼得堡大学的师生关系，而是在重庆苏联大使馆中文学校期间的师生关系。1944 年苏联驻华大使馆开办了一所中文学校，从战时疏散到中亚各共和国高校人文学科及外语专业学生中，选

① 毛粹《曹靖华同志在列宁格勒大学——访原北京外国语学院院长张锡俦同志》，《新文学史料》1988 年第 2 期，第 9 页。

调一批派遣到重庆学习中文，或提高有中文基础青年的中文水平。当时在使馆任二秘的齐赫文斯基参加了中文学校的学习，曹靖华便是他的中文教师。齐赫文斯基后来回忆道："在中国籍教员中，最出色的是曹靖华教授。"当时，曹靖华在重庆的中苏文化协会工作，尽管工作很忙，但他"对使馆中文学校的教学工作也极为认真"①。关于曹靖华的这段汉语教学经历，齐赫文斯基写道：

> 不论烈日炎炎的酷暑或寒风凛冽的严冬，不论大雾弥漫或秋雨连绵，每天清晨，总能看见他穿一件长齐脚跟的中式蓝布大褂，一只手拿着一把竹制的黄色油布雨伞，另一只手提着一个装着书的蓝布书包，登上苏联驻华使馆所在地的枇杷山，给他的年轻的苏联学生们上课。二十年代末，三十年代初，曹靖华教授曾在以叶努基泽命名的列宁格勒东方学院任教，取得了丰富的教学经验。他对俄苏文学研究有很深的造诣，他具有高度的中华文化素养，加上他特有的勤奋，使他在中国籍教员中出类拔萃，深受苏联学生们的敬重。②

曹靖华在重庆的7年间，后4年几乎每天都要去苏联使馆中

①〔俄〕谢·齐赫文斯基《我的老师——曹靖华教授》，见张德美，冷柯编《曹靖华纪念文集》，郑州：河南教育出版社，1992年，第391页。

② 同上，第391—392页。

文学校授课。[①]这样，加上在圣彼得堡大学的6年，曹靖华有10年对俄汉语教学的经历，也积累了对苏联人汉语教学的经验。在重庆苏联使馆中文学校任教期间，莫斯科派来督学了解中文学校的教学情况，督学曾问曹靖华什么样的苏联学生能学中文学得好，曹靖华回答道：如果苏联学生俄语语法基础好，学习中文就会快而且好。[②]

对于一个非专业的对外汉语教师而言，像曹靖华这样具有10年对外汉语教学经历的人是不多的，特别是在翻译家、教育家中更为少见。然而，无论是在苏联还是在中国，人们更看重的是曹靖华的翻译家，或者是俄语教育家的身份，而对曹靖华的国际汉语教师的身份很少提及或淡忘。其实在一生中精力最旺盛的年龄段从事对俄汉语教学的这段经历对一个人来说是很重要的，6年或者说10年的时间在一个人生命历程中也应该是不短的。所以，当我们谈起曹靖华的时候，其国际汉语教师的身份应该被记起，被说起，也应该被记住！尤其在著名的翻译家、教育家的人群中，曹靖华更是难得，更应被记住，更应在汉语国际传播史中有一席之地！

---

① 孙绳武《难忘重庆岁月》，见上海鲁迅纪念馆编《曹靖华纪念集》，上海：中国福利会出版社，2007年，第73页。

② 同上，第67页。

第十一章

作为传教士在意大利任教的汉语教师：郭栋臣和王佐才

国家公派至意大利威尼斯大学的汉语教师李逸安2001年3月23日在《人民日报》发表了题为《意大利的汉语缘》的文章，文中提道：

> 18世纪初，传教士阿巴特·马德奥·里巴以其精湛的绘画雕刻技艺和一口流利的中文，受到康熙皇帝的赏识，御赐汉名马国贤，并召入宫中供职。1724年马国贤衣锦还乡，不仅带回大量中国珍宝，还带来了康熙钦准的四名留学意国的中国教徒。1732年（清雍正十年）夏，马国贤在环山傍海的故乡拿波里，创建了欧洲第一个旨在培养赴华神职人员的“圣·法米利亚中华书院”，开设中文课。随着学院规模的逐步扩大，后来还增开了一些中国周边国家的语言课。

> 尤其需要一提的是中国湖北籍人氏郭栋臣。他在中华书院完成神学之后，留校教授汉语。他专门编写了供外国人学习汉语的《华学进境》等课本，还用拉丁语、意大利语翻译了中国启蒙读本《三字经》等。郭栋臣是意大利这块土地上首位来自中国的汉语教师，也是第一位在意大利正规开设汉语专修科目的人。人们都应该永远记住他的名字。[①]

文中提到的郭栋臣是什么人？为何到了意大利？又为何成了在意大利的汉语教师？郭栋臣是不是第一位来自于中国的汉语教师？除郭栋臣之外，同时代还有没有其他来自于中国的汉语教师？要回答这些问题，我们得回到300多年前，去寻求历史的答案。

一、马国贤与中国学院

要回答以上问题，就必须要提到李逸安教授文中所说的意大利著名的传教士阿巴特·马德奥·里巴（Abate Matteo Ripa，1682—1746），也就是大家熟知的马国贤。

阿巴特·马德奥·里巴作为罗马教皇使团的一员，于1710

① 李逸安《意大利的汉语缘》，见《人民日报》2001年03月23日第11版。

年来到中国澳门。阿巴特 1711 年进入清朝皇宫，从事绘画、雕刻、机械及翻译工作，因其卓越的才能，深得康熙皇帝的赏识，赐其中文名字为“马国贤”。虽然马国贤在宫中从事绘画、翻译等工作，但究其身份还是传教士，来华的使命是传教。在华期间，马国贤目睹了西方传教士在华传教的情况，认识到不能只靠传教士传教，必须要培养中国本土的神职人员。于是，在康熙驾崩后，他决心离开中国回意大利创办培养中国神职人员的学院。雍正元年（1723），在中国生活了 13 年的马国贤带着经庄亲王特批的 5 名中国人（4 名学生，1 名教师）返回了意大利。根据方豪先生的考证，这 5 人是：谷文耀，字若翰，古北口人，1701 年生；殷若望，河北固安人，1705 年生，二人 1734 年中国学院肄业后一起回国，殷若望卒于 1735 年，谷文耀卒于 1763 年；黄巴桐，河北固安人，1712 年生，1760 年回国，1776 年卒；吴露爵，江苏金山人，1713 年生，1763 年卒于罗马；教师王雅敬，江苏川沙人，回国后在 1738 年卒于北京。[①] 马国贤返回意大利故乡那不勒斯后，经过千辛万苦的努力，于 1732 年 4 月建立了专门培养中国神职人员的中国学院。1733 年谷文耀、殷若望作为第一批学生毕业。马国贤 1746 年 3 月 29 日去世。意大利统一后，1868 年中国学院被意大利政府接管，改名为“皇家亚洲学院”，1888 年又更名为“皇家东方学院”（即今那不勒斯东方大学的前身），使它成为意大利乃至欧洲专门教授亚洲和非洲语言与文化

① 万明《意大利传教士马国贤论略》，《传统文化与现代化》1999 年第 2 期，第 89—90 页。

的高等学校。语言教学体系和学术研究组织日臻完善，其教学与科研不仅包括中国学、东方学领域，还涵盖了西方和东欧语言。[①]也就是说，此时的东方学院已不是当初只培养中国神职人员的教育机构，学生也不仅仅是中国人，而变成了亚洲和非洲语言教学及亚非区域研究的大学。以此为基础，昔日的中国学院逐渐发展成现今以中国学而著称于世的那不勒斯东方大学。

中国学院自1732年起至1888年改名远东学院（或亚洲学馆）止，存续了156年。其间，共培养109名中国学生、191名意大利学生、67名土耳其学生。[②]

中国学院大概在19世纪初就开始了汉语教学。1813年，一位叫Gennaro Filomeno Maria Terres的中国学院的学生编写了被认为是第一本用意大利语写的汉语语法书，中文书名为《中国字》，意大利文书名为*Grammatica Chinese fatta per uso della Scuola Speziale nell nel Collegio de'Chinesi in Napoli*（《那不勒斯中国书院专业学校学生使用的汉语语法书籍》）。[③]该书比较全面地介绍了汉语的基础知识，间接呈现了当时中国书院的汉语课程情况。作者在书的首页上自称为中国书院的学生，这本书有可能是该生学习笔记的整理。书稿中夹杂着一些作业、书信，还有

① 武柏索《欧洲第一个汉语研究中心——古老而年轻的那不勒斯东方大学》，《语言教学与研究》1988年第4期，第96页。

② 万明《意大利传教士马国贤论略》，《传统文化与现代化》1999年第2期，第91页。

③〔意〕卡萨齐，莎丽达《汉语流传欧洲史》，上海：学林出版社，2011年，第156页。

中国老师书写小楷以及教师签名的评语。[①]由此可见，1813 年或之前，中国书院就已开设了汉语教学，教师还是中国人。

有关资料显示，1860 年加里波第来到那不勒斯，精简了马国贤的中国书院，受到了意大利政府的重视，因为学校开始向意大利人教授汉语。改名为皇家亚洲学院后，学校用意大利语（地理会用到法语）教授汉语、蒙古语、俄语、英语及亚洲历史、地理，还有一些科学课程。学校已成为一所现代东方语言学校。学生学习汉语的目的不是研究汉语，而是使用汉语。[②]

二、郭栋臣、王佐才在意大利的汉语教学

正是有了马国贤创办的中国学院，有了马国贤所倡导的神职人员本土化策略的影响，才有了郭栋臣、王佐才的意大利之行。1860 年 1 月 24 日，位于武昌的意大利方济各会士管理的圣方济·沙勿略神学院决定派遣学院中最有前途的学生赴那不勒斯中国学院学习。1861 年 3 月 19 日，闫玉亭神父率五人前往意大利，经近一年的艰难跋涉，于 1861 年的最后一天到达目的地。这五人当中便有郭栋臣和王佐才。当时，王佐才 18 岁，郭栋臣 15 岁。

---

① 任筱萌《汉语国际教育园地的先行者与守望者——以那坡里圣家中华书院汉语教师为核心》，《青海师范大学学报（哲学社会科学版）》2017 年第 6 期，第 95 页。

②〔意〕卡萨齐，莎丽达《汉语流传欧洲史》，上海：学林出版社，2011 年，第 156—157 页。

王佐才是五人中年龄最大的，是其他四人的中文教师。1871 年 7 月 30 日，王佐才、郭栋臣完成学业，1872 年 9 月 22 日获得神职。[①] 由于王佐才、郭栋臣成绩优异，两人留校任教。

1868 年 11 月 25 日，中华书院改名为皇家亚洲学院。同月，皇家亚洲学院正式开设汉语课，首次面向社会招生。学校任命王佐才教授中文课程，郭栋臣和德威沃（Domenico De Vivo）协助王佐才的教学工作。王佐才负责口语教学，郭栋臣负责识字和阅读课程[②]，自此，两人正式开始了在意大利的汉语教学生涯。

（一）郭栋臣

郭栋臣（1846—1923），字松柏，教名若瑟，意大利文的名字叫朱塞白・郭（Giuseppe Maria Kuo），湖北潜江人，出身于天主教家庭。1861 年，与其他一些湖北籍的天主教徒来到那不勒斯的中国学院学习。郭栋臣学习了拉丁文、意大利文、神学、修辞学、逻辑学、西方哲学等，以优异的成绩毕业留校。留校任教一年后，1873 年奉命回到中国传教。这样，王佐才一人承担了中国学院的汉语教学工作。13 年后的 1886 年，王佐才因病不能继续汉语教学工作，罗马教廷写信给郭栋臣，请其重回中国学院教学并主持中国学院的日常工作。1892 年回国继续传教。[③]1923

① 张永奋，白桦《意大利汉学史》，北京：学苑出版社，2016 年，第 173 页。

② 白桦《论王佐才对海外汉语教学的贡献——那不勒斯中华书院汉语教材再探》，《国际汉语教育》2014 年第 4 期，第 88 页。

③ 刘亚轩《清代留学生郭栋臣与中西文化交流》，《福建论坛（人文社会科学版）》2015 年第 11 期，第 157 页。

年1月2日去世，享年78岁。①

1868年改名后的皇家亚洲学院正式开设汉语课。为解决教材之急，1869年，郭栋臣用意大利文和拉丁文同时翻译出版了中国启蒙读物《三字经》②，作为汉语教学的基础课本。郭栋臣对其中的一千多个汉字作了注音，并逐字译成了意大利文。郭栋臣在汉语教学方面比较有名的是1869年编写出版了供西方人学习汉语的入门性质的教材《华学进境》，意大利文名称是*Saggio di un corso di lingua Cinese*。③《华学进境》全书共有五部（卷）：（一）北方官话；（二）文学语言；（三）作文；（四）趣味性学习（介绍三字经中的字）；（五）文选（文集）。其内容有《三字经》《忠经》、四书（但其中的孟子只有一句）等，又有古文，包括《左传》中的《郑伯克段于鄢》、王羲之的《兰亭集序》、陶渊明的《桃花源记》、韩愈的《原道》等九篇。还附有历代帝王国号歌、三皇歌、五帝歌等。目录则为中、意文对照。④

关于《华学进境》的写作时间和地点，郭栋臣在《华学进境》序言的末尾写道："同治拾壹年，岁次壬申，冬月二十

① 张永奋，白桦《意大利汉学史》，北京：学苑出版社，2016年，第175页。

② 万明《意大利传教士马国贤论略》，《传统文化与现代化》1999年第2期，第90页。

③ 任筱萌《汉语国际教育园地的先行者与守望者——以那坡里圣家中华书院汉语教师为核心》，《青海师范大学学报（哲学社会科学版）》2017年第6期，第94页。

④ 同上，第94—95页。张永奋、白桦《意大利汉学史》中将这五部分（卷）译为"官话""文言""构成""轻松学汉语""读本"。（张永奋，白桦《意大利汉学史》，北京：学苑出版社，2016年，第183页。）

日，书于中华学馆之南轩。”那不勒斯东方大学图书馆藏有1872年版本的《华学进境》。[①]任筱萌指出，《华学进境》1869年先后在那坡里出版。[②]意大利那不勒斯东方大学中国语言学教授卡萨齐（Giorgio Casacchia）、那不勒斯东方大学博士莎丽达（Mariarosaria Gianninoto）指出，《华学进境》于1869年出版。[③]1872年的版本应该是《华学进境・小引》，方豪在《中国天主教史人物传》中介绍的《华学进境》也应该是1872年出版的《华学进境・小引》。《华学进境・小引》主要内容有六部分：汉字、字体、笔画、结构、发音及书面语、口语和方言。

（二）王佐才

王佐才，字化南，受洗名Francesco Saverio Wang，1842年12月1日生于湖北应城，是当地最早的天主教徒之一，在武昌圣方济・沙勿略神学院接受了初步的神学教育，并学习了拉丁文和意大利文。1861年3月与郭栋臣等人赴意大利，同年12月31日抵达那坡里。王佐才在中国学院的学习成绩优异，1872年与郭栋臣一起留校。1868年起便被学校安排担任汉语教师。[④]1891

① 刘亚轩《清代留学生郭栋臣与中西文化交流》，《福建论坛（人文社会科学版）》2015年第11期，第161页。

② 任筱萌《汉语国际教育园地的先行者与守望者——以那坡里圣家中华书院汉语教师为核心》，《青海师范大学学报（哲学社会科学版）》2017年第6期，第94页。

③〔意〕卡萨齐，莎丽达《汉语流传欧洲史》，上海：学林出版社，2011年，第157页。

④ 同注释②，第93页。

年回国。1921 年 9 月 4 日在湖北汉口去世，享年 79 岁。

如前所述，1868 年，王佐才由学校安排教授中文，郭栋臣协助其教学。1873 年郭栋臣回国后，王佐才继续汉语教学工作，成为第一位独自用意大利语教学的汉语教师。王佐才的教学得到学校师生的认可和高度评价。Giacomo Lignana 教授在写给意大利教育部长的报告中称赞王佐才是众多神甫中最热爱教学、最谦虚的楷模。①

王佐才编写过三本汉语教材：《实用日常词汇与简短对话》（*Vocaboli usuali e domestici con frasi semplici e dialoghi facili e brevi*，1874）、《中文语法概要》（*Sunto della Grammatica Cinese*，1873）、《汉语入门》（*Nuovo Metodo per imparare a parlare La Lingua Chinese*，1882）。以上三本教材除《实用日常词汇与简短对话》1874 年出版外，其他两本没有出版。② 这些教材对于弥补郭栋臣的《三字经》《华学进境》之不足，建立较为完整的教材体系发挥了重要作用。特别是《实用日常词汇与简短对话》取代了《华学进境》③，成为当时重要的教材。《实用日常词汇与简短对话》是中国人首次在欧洲出版的中文口语教材，全书没有一个汉字，汉语发音全部采用拉丁字母标注，其主要

① 白桦《论王佐才对海外汉语教学的贡献——那不勒斯中华书院汉语教材再探》，《国际汉语教育》2010 年第 4 期，第 88 页。

② 同上，第 88—89 页。

③〔意〕卡萨齐，莎丽达《汉语流传欧洲史》，上海：学林出版社，2011 年，第 157 页。

目的是提高学生的汉语口语水平，对后人开展中文口语教学产生了深远影响。[①]

除以上中文教材外，值得一提的是王佐才编译的拉丁文-中文对照的《圣经》七言长诗。其所译《圣经》手稿分为《古经》和《新经》两部分，共314页。每页有直书四行七言诗句，诗的上方有横书的两行拉丁文押韵短句。该译本耗时30多年，辗转意大利那不勒斯和中国湖北两地，1894年成书，是圣经汉译史上的璀璨奇观。[②]

但是，后来由于受到上司的打压和精神折磨，王佐才精神失常，被关押在修道院中数月之久，1891年被送回湖北。在湖北继续完成了在意大利没有完成的《圣经》翻译工作，并教授《圣经》和拉丁文。

王佐才大半生在意大利度过，学习成绩优异，汉语教学成果显赫，出版的教材丰富，其教名Francesco Saverio Wang为意大利人所熟知。然而，他在中国却没有郭栋臣有名，比较权威的介绍中国天主教人物的方豪所著《中国天主教史人物传》收录介绍了郭栋臣，而没有王佐才。实际上，王佐才是郭栋臣的中文老师，又是当时汉语教学的主讲，郭栋臣辅助其教学；王佐才所著汉语教材较郭栋臣也更为丰富。在汉语教学方面，王佐才的贡献可以说更大些。

---

① 张永奋，白桦《意大利汉学史》，北京：学苑出版社，2016年，第185页，第188页。

② 同上，第190—192页。

三、郭栋臣、王佐才意大利教授汉语的历史意义

郭栋臣、王佐才意大利的汉语教学经历与其他中国文人在西方任教的经历不同。第一，他们是天主教徒，赴意大利的目的不是教授汉语，而是学习神学等神职人员所需要的知识，最终为天主教服务。在历史上，他们的身份是天主教徒、传教士，更多的精力还是用在教务上。1888 年中国学院被意大利政府没收后，郭栋臣四处奔走，试图收回院产。郭栋臣多次写信给中国驻意大利大使，请求使馆向意大利政府提出抗议。1891 年薛福成出使意大利时，郭栋臣恳请其与意大利政府交涉此事。薛福成考虑到书院乃教门之产，非中国所筹，与意大利政府交涉不会有什么结果，便对郭栋臣敷衍一番了事。① 王佐才耗时 30 多年，翻译编写了世界上独一无二的七言绝句体《圣经》，从此便可看出其对宗教的追求和作为一位神职人员的本分。第二，他们二人是中国学院本校学习毕业留校任教的，一些学者将他们归类为留学生，而不是汉语教师。如，刘亚轩便是从郭栋臣作为清代留学生的角度，考察了郭栋臣对中西文化交流做出的贡献，认为“郭栋臣在中国留学史及中西文化交流史上都留下了浓墨重彩的一笔”②。

虽然如此，郭栋臣、王佐才在意大利中国学院的汉语教学仍

---

① 刘亚轩《清代留学生郭栋臣与中西文化交流》，《福建论坛（人文社会科学版）》2015 年第 11 期，第 158 页。

② 同上，第 161 页。

具有重要的历史意义。

第一，为开创意大利乃至欧洲汉语教学做出了重要贡献。中国学院是西方第一所名副其实的汉语学校①，虽然这所学校的初衷是培养中国神职人员，即使后来成为一所东方语言学校时也不是一所高等学校，但其在西方汉语教学史上具有重要的地位，它开启了西方学校汉语教学的大门。郭栋臣、王佐才抵达那不勒斯中国学院时，虽然学校已开设了汉语课，但两人推动了学校汉语教学的发展，特别是在课程及教材的体系化方面做出了重要贡献，所开创的口语与语法并进的教学模式，至今仍为意大利各院校沿用。②

第二，为意大利培养了懂汉语和中国文化的人才，对中意两国的交流做出了贡献。1866 年清政府与意大利签订了第一个贸易协定，意大利对汉语人才的需求随之增加。当时的中国学院承担着培养意大利汉语人才的任务。作为汉语教师的郭栋臣、王佐才为此付出了心血。在王佐才近 20 年的汉语教学中所培养的学生成为中意两国交流中的第一批中文翻译。③王佐才的学生 Edoardo Vitale 于 1888 年编辑出版了第一部用意大利文写的中文语法教科书《中文文法：附范文、阅读、小字典

---

①〔意〕马西尼《意大利汉语教学与研究概况》，《世界汉语教学学会通讯》2009 年第 2 期，第 6 页。

② 张永奋，白桦《意大利汉学史》，北京：学苑出版社，2016 年，第 175 页。

③ 白桦《论王佐才对海外汉语教学的贡献——那不勒斯中华书院汉语教材再探》，《国际汉语教育》2010 年第 4 期，第 93 页。

及 214 个部首》。[①]

第三，开启了中国宗教人在国外教授汉语的大门。郭栋臣、王佐才不仅开启了中国宗教人早期留学西方的大门，也开启了中国宗教人国外汉语教学的大门，还从另一个角度诠释了传教士汉语的教与学。法国法兰西学院 1814 年创设“汉文讲座”教席，使“专业汉学”逐渐取代“传教士汉学”。但在此之前，西方汉学基本上都是传教士汉学，就西方人汉语学习而言，也基本上是传教士为传教而学习汉语，绝大部分传教士是来到中国后才学习汉语的。郭栋臣、王佐才开创了作为中国人的天主教徒在国外教授汉语的历史。

第四，为传播中华文化发挥了积极作用。郭栋臣、王佐才自身具有双重身份，在中国，他们是天主教文化的传播者，在意大利，他们是中国语言文化的传播者。郭栋臣选用《三字经》作为汉语教材，使学生在学习汉语的同时，也了解到了中国文化。郭栋臣编写的《华学进境》选择了《三字经》《孝经》《小学》《论语》《大学》《中庸》和《孟子》的节选为内容，对传播中国文化及哲学思想发挥了积极作用。[②]王佐才将《圣经》与中国诗歌巧妙地融合在一起，是中国儒家思想与天主教思想融合的一次尝试，是传播中国文化的具有代表性的事例。[③]

---

① 任筱萌《汉语国际教育园地的先行者与守望者——以那坡里圣家中华书院汉语教师为核心》，《青海师范大学学报（哲学社会科学版）》2017 年第 6 期，第 94 页。

② 张永奋，白桦《意大利汉学史》，北京：学苑出版社，2016 年，第 185 页。

③ 同上，第 191 页，第 199 页。

现在我们回到本文的开始所提到的几个问题。郭栋臣是什么人，为何到了意大利，又为何成了汉语教师，等等，这些问题都有了答案。但郭栋臣是不是意大利第一位来自于中国的汉语教师这个问题则值得探讨。就目前所可见资料而言，郭栋臣肯定不是第一位来自于中国的汉语教师。任筱萌《汉语国际教育园地的先行者与守望者——以那坡里圣家中华书院汉语教师为核心》提到的钟理珍就比郭栋臣、王佐才早近 60 年来到了那坡里。钟理珍（Giuseppe Zhong），1783 年 12 月 22 日生于广州，1802 年 9 月 27 日抵达那坡里，1822 年 2 月 2 日被授予教士，1823 年 2 月回国，1867 年 1 月 4 日在湖北逝世。上面提到的 1813 年问世的汉语语法书《中国字》中署名 Giun 的中国教师，经任筱萌考证便是钟理珍。《中国字》的作者 Terres 是钟理珍四个意大利学生之一。[①] 那谁是第一位来自于中国的汉语教师呢？刘亚轩在《清代留学生郭栋臣与中西文化交流》中认为第一位来自于中国的汉语教师是 1723 年随马国贤去意大利的王雅敬。任筱萌也认为王雅敬是那坡里圣家中华书院的第一位专职国际汉语教师。这个说法也需要商榷。首先，我们需要定义汉语教师的概念。中国人到国外担任汉语教师，一般来说，教学对象应是当地的外国人。王雅敬当时跟随马国贤到意大利，其任务之一是为马国贤所带的四位中国弟子充当汉语教师，继续教授年幼的学生学习自己的母语汉语和中国文学知识。中国学院 1732 年建立，王雅敬 1734 年回国，在中

① 任筱萌《汉语国际教育园地的先行者与守望者——以那坡里圣家中华书院汉语教师为核心》，《青海师范大学学报（哲学社会科学版）》2017 年第 6 期，第 96 页。

国学院初期，应该是没有中国人之外的学生。所以，王雅敬称不上是我们所说的汉语教师，自然也不是第一位来自于中国的汉语教师。就郭栋臣、王佐才两人而言，他们一同赴意大利，一同被皇家亚洲学院任命为汉语教师，没有早晚之分。

郭栋臣或王佐才是不是第一位来自于中国的汉语教师并不重要，这并不影响郭栋臣、王佐才对意大利汉语教学乃至欧洲汉语教学所做出的贡献。

郭栋臣在意大利中国学院 18 年，王佐才 30 年，除了学习神学之外，还为开创意大利汉语教学做出了重要贡献，他们的工作得到了意大利学界的高度评价。那不勒斯东方大学资深历史教授米凯勒·樊帝卡说："王佐才和郭栋臣是意大利 19 世纪后半叶唯一可以炫耀的（来自中国的）真正的汉学家，他们不但对母语了解颇深（文言和口语），而且对拉丁文和意大利文也有同样的功底。"①

我们确实应该记住他们！

① 白桦《论王佐才对海外汉语教学的贡献——那不勒斯中华书院汉语教材再探》，《国际汉语教育》2010 年第 4 期，第 89 页。

第十二章

记起：带给我们的启示

记起，不仅仅是回忆历史，更重要的是反思历史，启迪当下和未来。

热爱和献身国际汉语教学的精神是这些对外汉语教学前辈可贵的品质。虽然他们在欧美教授汉语的起因各异，但从他们对待汉语教学的态度以及对他们工作的评价，不难看出他们是热爱所从事的汉语教学工作的。说到献身，我们不由得想到即将结束合同任期的戈鲲化 1882 年 2 月 14 日病亡在美利坚，年仅 44 岁，留下妻儿……即使病重期间，哈佛大学前来探望，戈鲲化谈的仍是汉语教学工作，彰显了一位中国知识分子的优秀美德。让我们再看看当年的悼词："他（戈鲲化）在哈佛大学的工作是诚实认真的。在刚到哈佛的日子里，他积极为自己的工作做准备；当学生来上课时，他的讲演引人入胜。在他去世前不久，当哈佛大学校长去看望他时，尽管因病而说话艰难，他还是尽力谈自己的工作，解释自己因病错过了多少课时。"我们也想到了 1936 年 1 月 12 日在伯恩大学教授汉语的王光祈病亡在德意志，年龄也是 44

岁。也让我们重新看看当年波恩大学的讣告的有关内容吧："（王光祈博士）从 1932 年 11 月 1 日起，他作为波恩大学东方系的讲师来到这里工作，他是一个有着良好教学方法、努力认真、极有敬业精神的老师。"我们还想到了 1938 年 8 月 24 日葬身于日本军机轰炸之下的柏林大学中文讲师陆懿，她是专门回国联系她与德国同事编写的汉语教材印刷之事，却没想到遭受横祸，不幸身亡，年仅 28 岁。我们不妨也再一次看看汉语教材的合作编写者石密德先生在这本教材的前言中的话吧："1938 年 8 月末，在从香港飞往汉口的途中，他遭遇到悲惨的结局。那架飞机从香港起飞后不久就被日本轰炸机射中，我的年轻的同事因此死亡。我想就此公开说明，我失去了一个我最忠诚的、最有能力的、最意气相投的同事，这个悲剧让我内心深处充满痛苦。"看看这些，壮丽而又悲痛的画面油然而涌现在我们面前！我们似乎看到了戈鲲化躺在病床对回到祖国的渴望，由于他的去世，使得其遗属回国的旅程变得沉重；我们似乎看到了王光祈对未竟事业的遗憾，由于他的去世，使得他预计 1936 年 4 月将要开设的现代道白戏剧、书信体写作练习、唐宋时期的散文等课程，成了印在波恩大学课程表上的永久纪念；我们也似乎看到了陆懿在日机轰炸下，紧紧守护着汉语教材书稿的情景，由于他的去世，使得《标准国语教本》的印刷出版变得更加曲折，要不是合作者石密德先生留下了备份，那两人合作的成果将付之一炬。无论何种原因，这些前辈都是为传播汉语而身亡，他们的精神将永远留在汉语国际传播的历史之中，值得我们尊重和学习。

扎实的汉语知识和深厚的中华传统文化修养是这些前辈的共同特征。戈鲲化在科举考试中到底是中过举人还是秀才，虽没有得到考证，但他肯定是一个熟读四书五经之人，肯定得到过功名。在其与哈佛大学的合同上写的是“大清知府衔候选”，作为一个候补的知府，说明他是有学问的。在美国的有关报道中，称戈鲲化获得过“硕士”（Master of Art）。从推荐戈鲲化的一些信函中，我们可以肯定戈鲲化是一个“知识人”“文化人”，从张宏生《戈鲲化集》中载录的戈鲲化的诗歌及相关介绍中，我们可以得知戈鲲化是一个诗人。戈鲲化是“一位精通中国文学、熟悉中国社会、代表中国近代思想的饱学之士、一位会继续献身中国诗歌的人”，“正是他出版了2卷本的诗集而获得美名，才导致他在哈佛大学的任命”。[①] 毫无疑问，戈鲲化具有扎实的汉语知识和深厚的中华文化涵养。梅光迪12岁便参加科举考试的童子试。商衍鎏为清朝科举末代探花，潘飞声是南社诗人，老舍是著名作家，萧乾是著名记者，曹靖华是著名翻译家，等等。历史给这些人冠以的“头衔”，足以说明这些人汉语知识的丰富、文化素养的高深。

较强的跨文化交际能力是这些前辈学者成功的重要因素。戈鲲化可以说是中美跨文化交际的典范。让我们再次重温一下埃里福特牧师在戈鲲化遗体告别仪式演讲中对戈鲲化的有关评价：“戈对人际关系的认识为我们与他的交往增加了许多魅力。戈对

① 张宏生《戈鲲化集》，南京：江苏古籍出版社，2010年，第337—338页。

所见所闻总是倍感兴趣，孜孜以学，但他又总能保持自我平衡。他总是忠于自我，忠于他的职责。他与别人交往的一个例子就能清楚地说明这一点。当他拜访别人时，他具有绅士的老练机智，会尊重我们社会的习俗；而他款待客人时，却又总是以中国的礼仪相待。他虔诚认真地学习基督教经文，但是他知道如何将其中想要接受的东西译成他自己的哲学和宗教语言。正是他的这些品质使他在一定程度上赢得了许多人的欢迎，所以当他去世时，我们有些人像是哀悼自己失去了一位私人朋友，大家都为他的突然去世感到悲痛。”

商衍鎏与福兰阁合作愉快，不固守过去所接受的中国传统学术训练的思维，努力适应新的环境，积极接受欧洲学术研究方法，在汉语教学、图书馆建设、学术研究等领域均做出了积极贡献，福兰阁称商衍鎏为“杰出助手”。梅光迪自赴美留学至在哈佛大学教授中文，前后逾二十年，“博窥群集，于中西文化均能洞见阃奥”①。他的学生顾立雅说：“我知道他对中国文学，创见很多，即就对西方之了解而论，中国人能胜过他的，似乎寥若晨星。”② 对中西文化的了解是跨文化交际的基础。老舍在伦敦大学东方学院“工作得非常令人满意”，“凡是同他接触过的人都很喜欢他”，东方学院官方的这一评价，很好地反映了老舍在东方学院的为人处世和工作成绩。

---

① 郭斌龢《梅迪生先生传略》，见梅光迪著，陈静，张凯编《梅光迪学案》，杭州：浙江大学出版社，2019 年，第 283 页。

②［美］顾立雅《梅迪生——君子儒》，《新文学史料》2007 年第 1 期，第 45 页。

传播中华文化是在欧美任教汉语教师的重要使命和职责。说是“重要使命”乃是从教师方面而言，作为一个中国人，应该向当地民众介绍中国文化；说是“职责”乃是从校方而言，中国文化作为一门课程是教师所要完成的教学任务，乃职责之所在。本研究所涉及的在欧美任教的汉语教师，几乎所有人都有从事传播中华文化的经历。戈鲲化选择了诗歌作为传播中华文化的载体，利用各种场合，吟诵诗，讲解诗，其在教学中所编写的教材《华质英文》，有可能是用英文介绍中国文化，特别是中国诗歌的有史以来第一本教材。老舍受邀做题为“唐代爱情小说”的学术报告，虽不是老舍分内之事，但老舍愉快应允并认真准备讲稿，这也许是作为一名中国学者的使命使然；帮助艾杰顿翻译《金瓶梅》，使得译文错少而优美，受到西方读者的欢迎。老舍虽未谈到过帮助艾杰顿翻译《金瓶梅》之事，但在出版时，艾杰顿在扉页上专门写道:“献给我的朋友舒庆春”，并在译者说明中开篇写道:“在我开始翻译时，舒庆春先生是东方学院的华语讲师，没有他不懈而慷慨的帮助，我永远也不敢进行这项工作。我将永远感谢他。”曹靖华校核阿列克谢耶夫翻译的《聊斋》，校阅《陋室铭》《归去来辞》《春夜宴桃李园序》等译文，并在课堂上讲解古诗文的对仗、节律和成语，与王希礼联手开设现代中国文学课。

在当地的中国留学生是汉语教学的重要力量。在本书中，我们选择了在德国汉语教学的留德学人群体以及美国陆军语言特训班汉语项目的中国助教两个案例，展现了在那个时代留学生对汉语教学的贡献，充分说明了中国留学生是当地汉语教学的重要资源和重要力量。在历史上，中国留学生受聘教授汉语的事例很多，只是由于史料所限，未能展开更全面的研究。比方说，1949 年前的留德学生，除去本研究中所提到的人之外，还有傅吾康的岳父胡万吉。一战前和一战初期，胡万吉曾在柏林的农业经济高校学习，短暂地在东方语言学院教过中国语言课。[①] 后来成为画家、作家、诗人、书法家的美国哥伦比亚大学中国文学教授，被英国人称为“哑行者”的蒋彝（1903—1977）1933 年自费赴英国伦敦留学。1934 年，他在经济上十分困难，后通过前香港辅政司洛克推荐至伦敦大学东方学院教授中文。

根据 2019 年 3 月 27 日教育部官网发布的《2018 年度我国出国留学人员情况统计》，2018 年度我国出国留学人员总数为 66.21 万人。其中，国家公派 3.02 万人，单位公派 3.56 万人，自费留学 59.63 万人。这样一个庞大的群体，是当地汉语教学可以依靠的重要力量。另外，现在外留学的学生普通话都比较标准，加以培训，应该有很多人可以胜任汉语教师的工作，最起码作为汉语语言训练的教师非常合适。

编写教材是晚清和民国时期赴欧美汉语教师的一项重要工作。汉语教材是汉语教学发展的重要因素。本研究中所涉教师中，有许多人编写或参与编写了相关的汉语教材。戈鲲化的《华质英文》可以说是一种全新的探索，开启了以诗歌为内容的汉语教材的模式。在德国东方语言学院任教的桂林曾对阿恩德编写教

①［德］傅吾康著，欧阳甦译《为中国着迷：一位汉学家的自传》，北京：社会科学文献出版社，2013 年，第 158 页。当时，胡万吉在德的名字为 Wang-chi Hu。

材提供了帮助。陆懿与德国人石密德合作编写了汉语教材。老舍参加编写了留声机唱片汉语教材《言语声片》。王佐才、郭栋臣用意大利文编写了多种汉语教材。由此可见，中国学者是各国汉语教材本土化的重要力量，中国学者与外国学者合作编写汉语教材是充分发挥中外学者优势的好形式。

在实践中创新教学方法。创新教学方法虽不是每一位所述先辈都有所体现，但赵元任先生在主持美国陆军特别训练班汉语项目时所创造的教学方法可以说是一种行之有效的方法。直到今天，还为许多美国大学所采用。这种教学方法是赵元任先生倡导的，由其与本书中所言的那些助教们共同完成。具体的操作就是：赵元任先生采用大班授课的形式，每天用一小时用英文讲解，其余时间则让学员听课文录音，或分成小班，由助教采用直接法训练学员的听说能力，核心是让学生们尽可能多地接触汉语，多听多说多练。王佐才、郭栋臣的口语与语法并进的教学模式也至今被意大利各大院校所沿用。①

法国历史学家M·布洛赫提出史学认识论的基本信条："通过过去来理解现在，通过现在来理解过去。"②我们通过对戈鲲化等晚清和民国时期赴欧美教授汉语的几个历史人物的研究，来理解当今出国汉语教师工作，得到以下启示：

---

① 张永奋，白桦《意大利汉学史》，北京：学苑出版社，2016年，第175页。

② 姚蒙《法国当代史学主流的内涵与变迁（代序）》，见〔法〕雅克·勒戈夫，皮埃尔·诺拉主编，郝名玮译《史学研究的新问题新方法新对象——法国新史学发展趋势》，北京：社会科学文献出版社，1988年，第16页。

热爱汉语教学是一名出国汉语教师素质的核心要求。只有爱，才能在异国他乡坚持；只有爱，才能去钻研、去研究教学；只有爱，才能热情教好每一个学生，不管学生的背景如何、年龄大小。这些，从本书所提到的许多人身上都可以看到。

扎实的汉语知识和深厚的中华文化涵养是出国汉语教师素质的基本要求。教授汉语是出国汉语教师的“主业”，是最基本的工作，也是外国大学邀请到校任教最为重要的目的，扎实的汉语知识乃是基本要求。基于欧美汉语教学与汉学紧密相关，许多人学习汉语的目的是研究中国，特别是中国的文化，所以，许多出国教师不仅仅教授汉语，也教授关于中国文化的课程。梅光迪在美国的教学便是如此。另外，从语言是文化的载体的角度上讲，教授汉语时必涉及中华文化，如此，深厚的中华文化涵养也是出国汉语教师的基本要求。

跨文化交流能力是出国汉语教师完成教学任务并在当地顺利生活的重要要求。这一要求从戈鲲化等人的身上都有所体现。跨文化交际能力的高低与是否了解所赴任国的文化紧密相关，也与一个人的经历有关，当然也与一个人的学识有关。如，梅光迪在美国留过学，了解美国国情和文化，也了解美国人，同时他又熟读中国经典，研习过西方的学问，自然能适应当地的工作和生活。

当地华人是汉语教学可依靠的重要力量。这与我们上面谈到的出国汉语教师的素质要求无关，但确实需要我们加以重视。当今，由于各国学习汉语的人急剧增长，本土汉语教师奇缺，我们不得不派出大量的教师、志愿者，但这终不是长久之计。从长远来讲，一个国家的汉语教师最终还得靠本土教师。在实现完全依靠本土汉语教师之前，是否存在着一个中国派出的汉语教师、本地华人汉语教师、本土汉语教师三种力量共存的中间阶段呢？只要方法方式得当，这种“三足鼎立”的局面是可以形成的。

历史是一面镜子，可启示当下与未来。每个人的角度不同，带着的问题不同，从历史中得到的启示也不同。愿读者能从本书中得到更多的启示，特别是与本人所思考的问题相关的启示，是为至盼。